日本共産党第28回大会

第8回中央委員会総会決定

●志位委員長の幹部会報告

●志位委員長の結語

●特別決議
5年間で「数万の民青」「1万の青年・学生党員」実現へ
党の総力をあげよう

●「130%の党」をつくるための
全党の支部・グループへの手紙

2023.6.24～25

28−8

日本共産党中央委員会出版局

日本共産党第28回大会
第8回中央委員会総会

目　次

第8回中央委員会総会

志位委員長の幹部会報告

2023年6月24日

全国の同志のみなさん、おはようございます。連日のご奮闘に対して、心からの敬意と連帯の気持ちをこめて、幹部会を代表して報告を行います。

第8回中央委員会総会の任務は、第一に、統一地方選挙の結果と教訓を明らかにすること、第二に、総選挙躍進にむけた政治方針と活動方針を明らかにすること、第三に、第7回中央委員会総会が提起した来年1月の第29回党大会までに「130%の党」をつくるという大事業をいかにしてやり抜くかについて活動方向を明確にすることであります。

一、統一地方選挙の結果と教訓について

報告の第一の主題として、統一地方選挙の結果と教訓についてのべます。

統一地方選挙の日本共産党の結果は、道府県議選で公認・推薦で77議席を獲得しましたが22議席の後退、政令市議選で93議席を獲得しましたが22議席の後退、区市町村議選で909議席を獲得しましたが91議席の後退となりました。

議席の後退は、たいへんに悔しい結果であり、その責任を痛感しています。

選挙後、全国の都道府県委員長、地区委員長のみなさんから、選挙戦をたたかっての報告を寄せていただきました。それらを踏まえて、幹部会報告では、選挙戦の結果と教訓について、四つの角度からのべたいと思います。

「政治対決の弁証法」の立場で到達点をつかむ

第一は、今回の統一地方選挙の結果を、「日本共産党の封じ込めをはかる大逆流との生きた攻防のプロセスのなかでとらえる」（4月24日、常任幹部会声明）――「政治対決の弁証法」の立場で到達点をつかむことであります。

支配勢力の攻撃といかにたたかい、どういう成長と発展の努力をはかってきたか

私たちが「政治対決の弁証法」とのべているのは、〝党は前進するときも後退するときもあるが、くよくよしないで頑張ろう〟というものではありません。

マルクスは、1850年に執筆した『フランスにおける階級闘争』のなかで、革命というものは「結束した強力な反革命」を生みだすこと、それとたたかうことによって革命勢力が「ほんとうの革命党に成長する」ことを強調しました。弁証法というのは何よりも発展の科学だということを強調したいと思います。

私たちが、支配勢力による攻撃といかにたたかってきたか、その中でどういう成長と発展のための努力をはかってきたか。この立場で、私たちが今立っている到達点と展望を大局的につかむことが大切であります。

21年総選挙での政治的大攻勢と、激しい日本共産党攻撃とのたたかい

この間でいえば、2021年の総選挙は、わが党が市民と野党の共闘の体制をつくりあげ、政権交

代に正面から挑戦するという政治的な大攻勢をかけた選挙でした。これに対して、支配勢力――自民党、公明党とその補完勢力は、危機感にかられて激しい共闘攻撃、共産党攻撃で応えました。そのなかでも共闘勢力で一本化した59の小選挙区で勝利するなど、市民と野党の共闘は重要な成果をあげました。支配勢力を恐怖に陥れるまで攻め込み、追い詰めましたが、攻め落とせず、党自身は悔しい後退を喫しました。わが党は、４中総で、支配勢力の必死の共産党攻撃に対して、それを上回る必死さで反撃する点で弱点があったことなど、いくつかの反省点を明らかにして、次のたたかいにのぞみました。

２０２２年の参議院選挙にむけて、野党共闘と日本共産党への攻撃はさらに強まりました。「野党共闘は失敗した」「共産党の綱領は現実離れ」などのキャンペーンが行われました。わが党は、綱領の中心点を国民の疑問や関心にかみあって明らかにする「あなたの『?』におこたえします――日本共産党綱領の話」（「はてなリーフ」）を作成・活用して正面から立ち向かい、党の真実の姿を明らかにするために奮闘しました。２月、この大逆流に、ロシアによるウクライナ侵略を契機とした大逆流がくわわり、一時期はわが党の訴えへの冷たい反応が一挙に広がるという状況も生まれましたが、わが党は、綱領の立場をふまえた理性的論陣で一つひとつ押し返していきました。わが党は、６中総で、参議院選挙の結果を、「『二重の大逆流』によって、総選挙の到達点よりもさらに大きく押し込まれた地点から、全党の大奮闘によって押し返す過程での一断面」と総括しました。

今年の統一地方選挙にむけて、日本共産党攻撃はさらに強まりました。わが党の創立１００年にからめて、わが党の安全保障政策を「非現実的」とし、民主集中制を組織原則にしていることを「閉鎖的」とする非難がさまざまな形で行われました。わが党は、党創立１００周年記念講演で、党史を貫く不屈性、自己改革、国民との共同という特質を明らかにしながら、党攻撃に対する根底的な回答を行い、全党のみなさんは、先人たちのたたかいを学び、誇りをもって広げる大奮闘を行いました。今年に入ってから、党の規律に違反して処分された元党員を利用して、大手メディアも動員した「共産党は異論を許さない党」などという一大反共キャンペーンが行われました。わが党は一連の論考と態度表明によって、果断に、断固たる反論を行うとともに、全戸規模の宣伝物――「異論を許さない？　非現実的？　党首公選にすべき？　ありのままの姿を見てください」を作成・活用して、この攻撃に正面から立ち向かいました。

重要な成長のプロセス、発展の契機――次の勝利を準備するもの

統一地方選挙の結果を、こうした数年来の「政治対決の弁証法」のなかでとらえることが大切であります。わが党が、21年総選挙で政権交代への挑戦という政治的な大攻勢をかけたことに対し、支配勢力は、21年総選挙、22年参議院選挙、23年統一地方選挙のそれぞれで、激しい攻撃で応えました。全党のみなさんは、そのどれに対しても、冷静に果敢に立ち向かい、攻撃に屈せず大奮闘しました。

こうした生きたプロセスのなかでとらえるならば、統一地方選の結果を踏まえての４月24日の常任幹部会声明でのべたように、22年の参議院選挙の比例得票率と比較して、道府県議選・政令市議選・区市町村議選ともに得票率を伸ばしたことが、「今後の前進・躍進

にむけた足掛かり」となりうる重要な成果であることが、いっそうくっきりと浮き彫りになるのではないでしょうか。

全国のみなさん。この間の一連の激しい攻撃に、わが党が屈せず正面から立ち向かい、大奮闘したことは、わが党史を貫く誇るべき特質である不屈性のあらわれであり、わが党を鍛え、わが党にとっての重要な成長のプロセス、発展の契機になりうるものであること――次の勝利を準備するものであることを、全党の確信にして、次のたたかいにのぞもうではありませんか。

党の自力の問題――困難の根本的要因、この面でも「足掛かり」が

党づくりが死活的な緊急課題であることが骨身にしみて痛感された

第二は、党の自力の問題であります。

全国から寄せられた報告でも、選挙戦の全過程で自力不足が困難の根本的要因となり、党づくりが死活的な緊急課題であることが骨身にしみて痛感されたことが、共通してのべられています。「候補者が擁立できず、現有議席がありながら見送り、空白自治体となった」、「個別選対の体制がつくれず、宣伝物の作成、宣伝カーのスタッフが確保できなかった」など、たくさんの困難や悩みが報告されています。

私たちは、「130％の党」づくりを正面にすえ、統一地方選挙までに前回選挙時比を上回って選挙をたたかうことを目標に奮闘しましたが、全党の努力にもかかわらず、前回時比で党員91％、「しんぶん赤旗」日刊紙読者87％、日曜版読者85％でたたかったことが、悔しい議席後退の最大の要因となりました。このことを最大の教訓とし、その打開に全力をあげたいと思います。

党づくりの面での「今後の前進・躍進にむけた足掛かり」

同時に、この間の党づくりの努力が、まだ部分ですが、統一地方選挙でも力を発揮しつつあり、党づくりの面でも「今後の前進・躍進にむけた足掛かり」をつくっていることを、いくつかの点で確認しておきたいと思います。

――統一地方選挙にむけ、党勢拡大を前進させ、前回選挙時を基本的に維持してたたかった一連の選挙区で勝利をかちとっていることは重要であります。**広島県・広島市西地区委員会**では、広島市が政令市になって40年間で初めての県議議席を安佐南区で獲得するとともに、政令市議選でも地区内の議席を2議席から4議席に倍増させました。地区委員会からの報告では、党員で前回比97％を維持し、新入党員が支部に新鮮な活力を生みだしたこと、読者拡大でも日曜版読者が前回比95％と、選挙戦にむけて一定の前進をつくったことが激戦を勝ち抜く力となったということであります。

――真ん中世代の党員がフレッシュな力を発揮して、ベテランの党員など全体を励まし、勝利に結びついた経験が全国各地から報告されています。県議議席を奪還した**神奈川県・横浜市鶴見区**からは、統一地方選挙に向けて、候補者とそのパートナー、民青同盟で一緒に頑張ってきた人、新入党員、若手弁護士、病院の職員などで、新たに真ん中世代対策会議を立ち上げ、アイデアを出し合い、毎週の「お帰りなさい」宣伝、SNS発信、学習会など多面的な活動を行い、選挙戦全体の大きな力になったことが報告されて

います。

――７中総が支部・グループに送った「手紙」を８割を超える支部で討議し、４割を超える支部が「返事」を寄せたとりくみが、統一地方選挙で、支部の力を深いところから引き出すものとなったことが、全国から報告されています。支部の現状、その存在意義、党づくりへの率直な思いを「返事」という形で目に見える形にするプロセスが、支部会議の開催強化、選挙活動への踏み出し、党勢拡大の自覚化を後押ししています。私たちが「手紙」と「返事」の活動に正面からとりくんだことは、今後に生きる最大の「足掛かり」をつくったということを強調したいと思います。

今後に生かすべき選挙活動の新しい発展

全国からの報告では、今後に生かすべき選挙活動の新しい発展がのべられています。

全国各地から「『折り入って作戦』を徹底して勝ち抜けた」との報告が

その最大のものは、「折り入って作戦」が積極的にとりくまれ、選挙戦の大きな力となったことです。

昨年の参議院選挙を総括した６中総では、「折り入って作戦」の決定的意義を全党のみなさんに伝えていくうえで、中央の指導的イニシアチブに弱さがあったことを反省点としました。この反省を踏まえ、中央として、昨年10月、『折り入って作戦』オンライン経験交流会」を開催し、その「記録集」を発刊するなど、この運動がもつ豊かな可能性を学び生かす努力をすすめてきました。多くの都道府県・地区委員会でも、学習会や交流会が開催されました。

その結果、統一地方選挙での「折り入って作戦」は、参院選と比較して、後援会員数比で27％から40％に約１・５倍の規模に広がりました。多くの地区委員長のみなさんから、「『折り入って作戦』を徹底して勝ち抜けた」などの報告が寄せられていることは、次に生かすべき重要な教訓であります。

「声の宣伝」をはじめ元気いっぱいの姿を伝える活動が、勝利の一つの決定打に

今日の情勢のもと、「声の宣伝」をはじめとする大量政治宣伝を強め、元気いっぱいの党の姿を有権者に伝える活動が、選挙勝利の一つの決定打となっていることが、各地から報告されています。

石川県・金沢市議選挙では、全戸ビラが世帯比で４割しか届かない現状を突破するために、「声の宣伝」を思いきって大量宣伝の中心に位置づけました。県議選から市議選までの２週間で、62％の支部がハンドマイク宣伝にとりくみ、支援を含め２０００回を突破しました。このとりくみが町の雰囲気を変え、支持を広げる土台となり、３人全員当選の大きな力になったとの報告が寄せられています。

ネット・ＳＮＳ活用の大きな前進――この新しい鉱脈を全面的に発展させよう

インターネット・ＳＮＳの活用が大きく前進しました。

中央として、ＳＮＳ責任者会議、活用サポート講座など、４回にわたって推進のための会議・講座を開催しました。インターネット・ＳＮＳ対策チームが多くの都道府県や地区委員会・候補者単位で立ち上げられ、候補者のＨＰ（ホームページ）やＰＶ（プロ

モーションビデオ）作成、ショート動画やバナーでの発信など、候補者の魅力と政策・実績などの発信が画期的に強化されました。

このとりくみのなかで、ボランティアやサポーターの輪が広がったことも重要であります。選挙戦でつかんだこの新しい鉱脈を、全面的に発展させようではありませんか。

住民要求にこたえた地方議員の日常活動が、勝利の決定的な力に

住民要求にこたえた地方議員の日常活動が、勝利の決定的な力になったことが、各地から報告されています。

千葉市緑区で前回票の１２０％、１０３４票増でトップ当選を果たした**椛沢《かばさわ》洋平市議**は、住民から要求が寄せられると、党支部とともに署名運動など住民運動にとりくみ、行政交渉や議会質問などと結んで一つ一つ実現する活動にとりくんできました。毎月2回発行の市政報告『かばっちＴＩＭＥＳ』を約3万部発行、要求運動や活動実績にあわせて「ちいき新聞」というフリーペーパーにエリアを絞って折り込むとりくみ、支部によるポスティングやＳＮＳの日常化によって、日々の活動の「見える化」にとりくんだことも大きな力となりました。全党が学ぶべきたいへんに先駆的な経験であります。

中央の選挙指導上の反省点について

この問題の最後に、中央の選挙指導上の反省点について報告します。

「共倒れ」を絶対に起こさないイニシアチブの弱点

第一は、「共倒れ」を絶対に起こさないイニシアチブの弱点です。今回の選挙で「共倒れ」――複数落選は、12都府県で22選挙区、45人となりました。こうした事態は、地方党組織の責任にとどまらない、中央としての責任を問うものとなりました。報告では、中央の反省点として二つの点をのべておきたいと思います。

一つは、情勢の変化を踏まえた政治目標の見直しのイニシアチブが弱かったことであります。各地での統一地方選挙の政治目標は、多くの場合、党大会決定を踏まえて決められていましたが、党大会後、21年総選挙、22年参議院選挙と、2回の国政選挙をへて、政党間の力関係の大きな変動が起こりました。そうした変動を踏まえて、昨年8月の6中総で政治目標についての適切な見直しの検討も必要との提起を行うべきでしたが、それがやられなかったことは、私たちの反省点であります。これは、個々の選挙区で議席増をめざして果敢にたたかうなかで力及ばず「共倒れ」となった場合の地方党組織の問題点の指摘ではなく、あくまでも中央の指導上の反省点として明確にしておきたい問題であります。

いま一つは、選挙戦のたたかいのなかで、情勢の変動、党組織の力量を考慮し、必要な傾斜をつける、力の集中を行うなど、「共倒れ」を絶対に起こさないための実践的な指導と援助が十分に貫徹できなかったことであります。

以上、2点を「共倒れ」にかかわる中央の反省点として、今後に生かしたいと考えるものです。

「選挙指導の担い手」をつくる系統的なイニシアチブの弱さ

第二は、「選挙指導の担い手」をつくる系統的なイニシアチブの弱さです。

党の現状は、選挙指導の経験が浅いかほとんどない党員が選対指

導部を構成しているケースが少なくありません。昨年12月、大幅改定した『選挙活動の手引き2023年版』は現場で歓迎され力になりました。同時に、オンラインも活用して『手引き』の学習を一気にすすめること、学習と経験交流のための都道府県選対部長会議を適宜開催するなど、「選挙指導の担い手」を育成・強化していくための中央としての独自のとりくみが弱かったと言わねばなりません。この点も反省点とし、抜本的な強化をはかりたいと思います。

以上が統一地方選挙のたたかいから引き出した教訓の基本点であります。幹部会は、これらの教訓をすべて生かし、次のたたかい――総選挙での躍進を必ずかちとるために、全国のみなさんと心一つに奮闘する決意であります。

二、総選挙躍進にむけた方針について

報告の第二の主題として、総選挙躍進にむけた方針についてのべます。

通常国会のたたかいは何を示したか――世論と運動で包囲し、解散・総選挙に追い込もう

かつて経験したことのない異常国会と、日本共産党のかけがえのない役割

今年の通常国会は、かつて経験したことがない異常な国会となりました。

5年間で43兆円の大軍拡の財源を捻出する「軍拡財源法」、国民の血税で軍事大企業を育成する「軍需産業支援法」、原発回帰への大転換をすすめる「原発推進5法」、健康保険証を廃止してマイナンバーカードを強要する「マイナンバー法改悪」、難民・外国人の命を危険にさらす「入管法改悪」など、国のあり方の根幹にかかわる悪法が次々と強行されました。あらためて強く抗議するものです。

なぜこうした事態となったか。一つは、岸田首相の強権姿勢であります。「聞く力」などというポーズは完全に剝《は》がれ落ち、強権の地金がむき出しになりました。いま一つは、自民党、公明党、維新の会、国民民主党の「悪政4党連合」が形成され、数の暴力をほしいままにし、審議を形骸化させていることであります。

日本共産党国会議員団は、一連の悪法のすべてに正面から対決し、その根拠を崩し、問題点を暴きだすとともに、国民の立場にたった対案を提起してたたかいぬきました。平和・暮らし・人権を断固として擁護し、発展させる、日本共産党の存在と役割がかけがえのないものであることは、通常国会のたたかいを通じても立派に証明されたのではないでしょうか。

全国のみなさん。来たるべき総選挙で、日本共産党の躍進で、岸田政権と「悪政4党連合」に厳しい審判を下すために奮闘しようではありませんか。

どの問題でもたたかいはこれから――あらゆる分野で国民運動の発展を

国会内では「悪政4党連合」の数の暴力が吹き荒れましたが、これに反対する新しい市民的・国民的運動が大きく発展していることは、最大の希望であります。

5月3日の憲法大集会に昨年を大きく上回る2万5千人が集まり、6月11日には、若者憲法集会・若者憲法デモに1500人が参加するなど、大軍拡・大増税反対のたたかいが力強く前進しています。

全労連が「ストライキを構え、物価高騰を上回る大幅賃上げを」と呼びかけ、昨年を大きく上回る組合がストライキを決行してたたかうなど、資本から独立したたたかう労働運動の新しい前進の流れがつくられています。

健康保険証廃止とマイナンバーカード強要に反対するたたかい、入管法改悪反対のたたかい、インボイス増税中止を求めるたたかい、「畜産・酪農の灯を消すな」を掲げたたたかい、ジェンダー平等・性的マイノリティーへの差別撤廃を求めるたたかいなどが、大きく発展しています。「もう黙っていられない」とこれまでにない幅広い人々が声をあげるとともに、自覚的民主勢力が運動を支える土台としての重要な役割を発揮しています。

通常国会の会期末、岸田首相が解散を党略的にもてあそびながら、腰砕けに終わったのは、国民の批判の声に追い詰められた結果でした。

どの問題でも、たたかいはこれからであります。

大軍拡とのたたかいは始まったばかりであり、それが具体化されればされるだけ、あらゆる面で深刻な矛盾が噴き出してくるでしょう。トラブル続出のもとでマイナンバーカード強要をすすめれば大混乱は必至であり、この暴走を止めるたたかいは、これからが重要となっています。

全国のみなさん。あらゆる分野で国民の世論と運動をさらに大きく発展させ、岸田政権を解散に追い込み、憲法違反の大軍拡にストップの審判を下し、政治の抜本的転換を求める総選挙にしていくために意気高く奮闘しようではありませんか。

総選挙の歴史的意義と目標について

国のあり方の根本が問われる選挙――日本共産党躍進で希望を開く選挙に

総選挙の歴史的意義と目標について報告します。

来たるべき総選挙は、平和・暮らし・民主主義・人権などで国民の切実な願いが噴き出しているもとで、日本という国のあり方の根本が問われる選挙となります。

敵基地攻撃能力保有と大軍拡という、憲法を踏みにじっての戦争準備の道をつきすすんでいいのか。長期にわたって賃金が上がらず、経済が成長せず、少子化がすすみ、衰退する日本のままでいいのか。通常国会での悪法の連続強行に象徴されるような、こんなにも国民の声が届かない政治でいいのか。

これらの問題を大きく問いかけ、日本共産党の躍進で希望を開く選挙にしていくために全力をあげようではありませんか。

日本共産党の比例代表での躍進をたたかいの中軸にすえ、最優先で追求する

総選挙では、日本共産党の比例代表での躍進をたたかいの中軸に

すえ、最優先で追求します。比例代表で「650万票、10％以上」を獲得し、すべての比例ブロックでの議席獲得、議席増を目標にたたかいます。小選挙区では、沖縄1区の「オール沖縄」の赤嶺政賢さんの「宝の議席」を絶対に守り抜き、議席増をめざします。比例代表の躍進のためにも小選挙区での候補者擁立を大幅に増やします。

市民と野党の共闘は、この間の支配勢力による共闘攻撃によって、重大な困難が持ち込まれています。そうしたもとでも、わが党の側から門戸を閉ざすことはせず、共闘の再構築のために可能な努力を行います。

同時に、今回の総選挙では、日本共産党を伸ばすことを最優先におき、それに徹するたたかいをやり抜きます。一貫して共闘の前進のために誠実に力をつくす日本共産党の躍進こそ、共闘の再構築にとっても最大の力となることを訴えてたたかいぬきます。

切実な願いと結びつけて、二つのゆがみを「もとから変える」綱領的値打ちを押し出す

総選挙をどういう政治姿勢でたたかうか。

第一に、強調したいのは、国民の切実な願いと結びつけて、異常な対米従属・財界中心という日本の政治の二つのゆがみを「もとから変える」――わが党の綱領的値打ちを太く押し出した論戦にとりくむことであります。

自民党政治の深刻な行き詰まりのもとで、どの党も「改革」という言葉を連呼しています。維新の会の「伸長」が喧伝《けんでん》され、「自民対維新」、「野党第1党争い」に焦点があるかのように世論を誤導する動きが強まっています。

しかし、他のどの党も正面から言わない重要な問いかけが二つあります。一つは、「こんなアメリカ言いなりの国でいいのか」という問いかけです。いま一つは、「こんな財界のもうけ最優先の国でいいのか」という問いかけです。日本共産党は、この二つのゆがみに真正面から切り込み、「国民が主人公」の日本へと、政治を「もとから変える」党であります。この党を伸ばしてこそ、いま国民が持っている切実な願いを実現する道が開かれる――こうした訴えを太く貫き、総選挙をたたかいぬこうではありませんか。

「こんなアメリカ言いなりの国でいいのか」――焦眉の問題とのかかわりで

「こんなアメリカ言いなりの国でいいのか」が、日本の進路を左右する焦眉の問題とのかかわりで鋭く問われています。

大軍拡の本質――日本を米国の対中国軍事戦略の最前線基地に

日本国憲法も「専守防衛」もかなぐりすてる敵基地攻撃能力保有と大軍拡の震源地となっているのはアメリカであります。バイデン米大統領は3回にわたって、大軍拡を岸田首相に求めたということを明らかにしました。まさにここに震源地があります。

国会論戦を通じて、敵基地攻撃能力保有の最大の目的が、中国などの軍事的封じ込めを狙ってアメリカが進めている「統合防空ミサイル防衛」（ＩＡＭＤ）への参加にあること、「先制攻撃」を基本原則にすえる米軍と、自衛隊が融合し、相手国に攻め入るならば、報復を招き、日本に戦火を呼び込む深刻な危険につながることが明

らかになりました。

日本を米国の対中国軍事戦略の最前線基地にすえる――これが今行われていることの本質であります。

核兵器問題――米国の核戦略にがんじがらめに縛られている屈辱的な姿

5月に行われたG7（主要7カ国）広島サミットは、被爆地での初のサミットということから、核兵器廃絶への積極的メッセージの発信が期待されました。しかし、「G7広島ビジョン」が核兵器による威嚇《いかく》によって他国を抑えつけようという「核抑止力」論を公然と唱える一方、世界の92カ国が署名し、すでに国際法としての地位を確立している核兵器禁止条約をあたかもこの世界に存在しないかのように無視する姿勢をとったことに、失望と批判が広がりました。

日本政府が、被爆国の政府にあるまじき態度をとり続ける根本に、米国の核戦略にがんじがらめに縛られている屈辱的な姿があることを厳しく指摘しなければなりません。

9条改憲――対米従属の戦争国家づくりのあらゆる制約を取り払おうというもの

9条改憲も米国の要求から始まった動きであります。

この間、集団的自衛権行使容認と敵基地攻撃能力保有という憲法9条を蹂躙《じゅうりん》する二つの暴挙が進められましたが、なお9条は平和を守る大きな力を発揮しています。9条のもとでは、全面的な集団的自衛権行使も、海外派兵もできないと、政府も現時点でも言わざるをえません。これらの制約を取り払ってしまおうというのが9条改憲に他なりません。

9条改憲は、対米従属のもとでの戦争国家づくりのあらゆる制約を取り払おうというものであり、絶対に許すわけにいきません。

戦争の準備でなく、平和の準備を――この願いは日本共産党に

大軍拡も、核廃絶への逆行も、9条改憲も、その根源には異常な「アメリカ言いなり」の政治があります。このゆがみを大本からただす党――日米安保条約を国民多数の合意で解消し、対等平等の立場にもとづく日米友好条約を結ぶことを綱領の根幹にすえる日本共産党を伸ばすことこそ、戦争への道を止める一番確かな力となります。

この間、日本共産党が提唱してきた、東アジアに平和をつくる「外交ビジョン」、「日中関係の前向きの打開のための提言」が、大きな生命力を発揮しています。わが党の「日中提言」に対して、日中両国政府が肯定的な受け止めを表明したことは重要であります。わが党が、これらの平和の対案を示すことができるのは、わが党が相手がどんな大国であっても覇権主義を許さない立場を確固として貫いているからであります。

全国のみなさん。戦争の準備でなく、平和の準備を――多くの国民のこの願いをたくせるのは、日本共産党をおいて他にないことを、語りに語り抜こうではありませんか。

「こんな財界のもうけ最優先の国でいいのか」――暮らしの切実な願いとのかかわりで

「こんな財界のもうけ最優先の国でいいのか」も総選挙で問うべき大問題であります。

国民の暮らしの切実な願いを実現しようとすれば、「財界のもうけ最優先」の政治のゆがみにぶつ

かります。このゆがみに正面からメスを入れる日本共産党の値打ちがきわだちます。

「大企業の内部留保課税で賃上げを」――日本共産党ならではの提案

労働者の実質賃金は、この10年間だけでも年収で24万円も減りました。その一方で、大企業の内部留保は10年間で１８６兆円増え、５１３兆円に膨れ上がりました。これが日本経済の重大な弱点であること、企業内で滞留する巨額の資金を賃上げなどで経済に還流することが必要であることを、否定するものはいません。

しかし、「大企業の内部留保への時限的課税で賃上げを」と、政治の責任でこの異常をただし、賃上げと経済成長の好循環をつくる具体的提案をしているのは、日本共産党しかありません。「財界のもうけ最優先」の政治のゆがみにメスを入れる党ならではの提案を大いに語り広げようではありませんか。

深刻な少子化――労働法制の規制緩和に正面から反対を貫く日本共産党

深刻な少子化が、日本社会の存続を危うくする大問題となっています。その根本原因の一つは、90年代中頃から、財界の旗振りで進められた労働法制の規制緩和であります。正社員から非正規社員への置き換えがすすみ、労働者の４割近くが、不安定な非正規雇用労働者とされたことが、日本を結婚して子どもを産み育てることが困難な社会にしてしまったのであります。

同時に、「ワンオペ育児」が大きな問題になっていますが、正社員なら長時間労働と単身赴任が当たり前という働かせ方が、仕事と子育ての両立を困難にしています。

労働法制の規制緩和に正面から反対し、人間らしく働けるルールをつくることを一貫して求めてきた日本共産党の果たすべき役割はきわめて大きなものがあります。

「財界のもうけのため」が消費税の真実――減税・廃止求める日本共産党の頑張りどころ

物価高騰から暮らしを守るうえで、最も効果的であることが明瞭な消費税減税を、政府はなぜ拒否するのか。フリーランスや小規模事業者に致命的打撃を与えるインボイスの導入に、あれだけの批判の声があるのになぜ固執するのか。財界が要求しているさらなる消費税増税のためであります。

消費税導入から35年。消費税の税収は累計５０８兆円、その一方で、法人税と所得税・住民税は累計６０９兆円減りました。国民から吸い上げた消費税は、大企業・金持ち減税の穴埋めに消えました。「社会保障のため」でなく、「財界のもうけのため」が消費税35年の真実であります。導入当初から、この悪税に反対を貫き、消費税減税・廃止を求め続けてきた日本共産党の頑張りどころであります。

原発・大型石炭火力推進の最悪の利権政治――脱炭素、原発ゼロの日本を

岸田政権は、原発事故の教訓を投げ捨て、世界有数の地震国・津波国である日本で、老朽化する原発の再稼働や新規建設に固執し、国連が強く計画的な廃止を求めている石炭火力を維持し、大型石炭火力発電所の建設を続けています。これは、原発や大型石炭火力の利益に群がる巨大企業のもうけを、国民の安全や気候危機打開よりも上に置く、最悪の利権政治であります。

「気候危機を打開する日本共産党の２０３０戦略」を掲げ、省エネルギー、再生可能エネルギーを推進し、脱炭素、原発ゼロの日本

をめざして奮闘しようではありませんか。

異常な米国・財界中心の亡国の政治のもと、38％にまで下がった食料自給率を大幅に引き上げるために全力をあげようではありませんか。

財源論は総選挙の大きな争点に――責任ある財源提案を示している唯一の党

来たるべき総選挙では、これまでにまして政策の中身とともに、それを裏付ける財源論が問われる選挙になります。

岸田政権は、5年間で43兆円の大軍拡でも、「異次元の少子化対策」でも、財源論で深刻な破綻に陥っています。

野党の側も財源への姿勢が問われてきます。「身を切る改革」とか、虚構の「世代間格差」なるものの「是正」で子育て支援をするなどという、まやかしの財源論や、無責任な国債増発によるバラマキの幻想をふりまく姿勢も問題になるでしょう。

日本共産党は、暮らしを良くする当面の提案を実施するための年間20兆円規模の責任ある財源提案を示している唯一の党です。富裕層と大企業への優遇税制をただし応分の負担を求める税制改革を断行すること、大軍拡の中止と軍事費の削減などにとりくむことは、その要であります。ここにも「財界のもうけ最優先」「アメリカ言いなり」の政治にメスを入れる日本共産党の真価が発揮されていることを強調したいと思います。

全国のみなさん。企業・団体献金も、政党助成金も受け取らず、国民にのみ依拠した財政で党を支える日本共産党を伸ばしてこそ、切実な暮らしの願いを実現する最も確かな力となることを、大いに訴えようではありませんか。

「こんな人権後進国でいいのか」――二つの根を断つ民主的改革を

日本社会のあらゆる分野で「人権後進国」の矛盾が噴き出している

「こんな人権後進国でいいのか」も、総選挙の大争点であります。ジェンダー平等、子どもの権利、労働者の権利、外国人の権利――日本社会のあらゆる分野で「人権後進国」の矛盾が噴き出しており、社会の不公平の拡大と分断を招いています。

通常国会では、「入管法改悪」という人権侵害の大逆流が強行されました。不同意性交等罪の創設という性暴力根絶への一歩前進が実現しましたが、自民党も含めた超党派でいったん合意した「ＬＧＢＴ理解増進法案」を、自民・公明・維新・国民が改変し、「理解増進」どころか差別を助長しかねない内容の法案が強行されたことは重大であり、強く抗議したいと思います。

「財界のもうけ最優先」の政治のゆがみ、戦前を美化する政治のゆがみをただす

「人権後進国」の根の一つにも、「財界のもうけ最優先」の政治のゆがみがあります。男女の賃金格差など雇用における女性差別は、「ジェンダー不平等・日本」の土台をなす大問題となっています。国民の不安と怒りを無視した「マイナンバー法改悪」の根本には、国民に負担増と社会保障給付減を押し付けようという財界の要求があります。個人情報保護を後退させ、大量の個人情報をビジネスに利用しようとする特定の企業の利益を後押しし、マイナンバーによ

る国民監視社会をめざす政府の姿勢があります。

いま一つの根は、戦前の政治が今日なお引き継がれていることであります。戦前を美化する政治勢力が、家父長的な家族観を国民に押し付けていることに、「ジェンダー不平等・日本」のもう一つの根っこがあります。現在の入管がもつ隠蔽《いんぺい》・強権体質も、戦前に由来します。戦前の入管は、内務省の管轄で、特高警察によって担われていました。それが戦後も引き継がれ現在に至っているところに、この問題の深刻な根深さがあります。

「人権後進国」のこの二つの根を断つ民主的改革を進めるうえでも、日本共産党の果たすべき役割はきわめて大きなものがあります。

全国のみなさん。政治を「もとから変える」日本共産党の躍進で、国民の切実な願いを実現し、「国民が主人公」の日本をつくろう――綱領の値打ちを太く押し出した論戦に自由闊達《かったつ》にとりくんで、躍進をかちとろうではありませんか。

積極的支持者を増やす政治的大攻勢を――綱領と組織のあり方に対する攻撃を打ち破ろう

総選挙をたたかう政治姿勢の第二に強調したいのは、支配勢力によるわが党の綱領と組織のあり方に対する攻撃を打ち破って、党への丸ごとの支持を広げ、積極的支持者を増やす政治的大攻勢をかけることであります。

わが党が総選挙をたたかう「主舞台」は比例代表であり、比例代表の〝候補者〟は日本共産党そのものであり、日本共産党にかけられた攻撃は〝候補者〟にかけられた攻撃です。勝利のためにはそれを打ち破ることがどうしても必要であります。

綱領に対する攻撃を打ち破る――「はてなリーフ」（改定版）も活用して

綱領に対する攻撃を打ち破るうえでは、22年参議院選挙にむけて発行した「はてなリーフ」は、現在でも、党の魅力を語る最良の資材となっています。

「はてなリーフ」では、私たちの綱領の内容について、一部の政党やメディアが「現実離れ」などと繰り返していることに対して、「本当かどうか、皆さんの目でたしかめてください」と語りかけ、「安保条約」「平和なアジア」「自衛隊」「天皇の制度」「共産主義」「改革の進め方」などについての綱領の立場を分かりやすく解き明かしています。総選挙に向けて、この内容を学び、語り広げることを訴えます。情勢にそくして「はてなリーフ」に必要な改定をほどこした資材をウェブ版で作成したいと思います。

改定綱領を踏まえた『新・綱領教室』、党創立１００周年記念講演などの学習を重視し、宣伝・対話に役立てていただくことを呼びかけたいと思います。

党の組織のあり方――民主集中制に対する攻撃にこたえる

この間の新しい日本共産党攻撃の焦点とされているのが、党の組織のあり方――民主集中制に対する、「閉鎖的」「異論を許さない党」などといった攻撃であります。

しかし、民主集中制のいったいどこが問題だというのでしょうか。「民主」とは党内民主主義のことであり、「集中」とは統一した党の力を集めることですが、この両方の要素は、国民に責任を負う近代政党ならば、当たり前のことではありませんか。

民主集中制のもとでこそ、徹底した党の民主的運営が可能になるし、わが党はそれを実践しています。党の外から党を攻撃する行為は規約違反になりますが、党内で規約にのっとって自由に意見をのべる権利はすべての党員に保障されています。

わが党は、党大会のさいには、2カ月前から議案の全党討論を行い、そこで出されたすべての意見を踏まえて、議案を練り上げています。少数意見が全体に伝わるように特別の冊子を発行しています。第28回党大会では、ジェンダー平等を綱領に書き込みましたが、全党討論のなかで、過去の一時期、「赤旗」に掲載された論文などで、同性愛を性的退廃の一形態だと否定的にのべたことについて、きちんと間違いと認めてほしいという意見が出されました。この意見にこたえて、大会の結語で、「間違いであったことを、大会の意思として明確に表明しておきたい」とのべ、是正をはかりました。この経験は、民主的討論が党の認識と方針をいかに豊かに発展させるかを、私たちに強く実感させるものでした。

民主的な討論を通じて決定されたことは、みんなでその実行にあたる——行動の統一は国民に対する公党としての当然の責任であります。それをどの程度まで実行しているかは別にして、どの党であれ行動の統一を党のルールとしています。〝行動はバラバラでいい〟と規約に書いてある党はないと思います。自民党の「党則」「規律規約」を見ましても、党員に党の方針を守ることを義務づけ、「党の規律をみだす行為」や、「党の方針…を公然と非難する行為」を行ったものは処分を行うとしています。

ましてや日本の政治の二つのゆがみを「もとから変える」ことを綱領に明記している日本共産党の場合、行動の統一はとりわけ重要であります。社会進歩の事業を前進させるためには、この間、私たちが身をもって体験しているように、支配勢力による激しい攻撃や妨害を打ち破ることが避けて通れません。行動の統一ができないバラバラな党で、どうして攻撃や妨害を打ち破り、社会進歩の事業を進めることができるでしょうか。

わが党が規約に「党内に派閥・分派はつくらない」と明記しているのも、社会進歩の事業を進めるうえで行動の統一がいかに重要かを、自らの歴史的体験を通じて学びとったからにほかなりません。

もちろん、「民主」の面でも、「集中」の面でも、現代にふさわしい組織のあり方の発展は必要であります。双方向・循環型の民主的党運営をさらに発展させる必要があります。民主的運営と行動の統一の両面で、弱点を克服する努力をはかっていきたいと思います。統一した方針のもとに団結しながら、党員一人ひとりの個性や多様性、条件を、尊重し大切にしていくことも、さらに重視されなければなりません。市民的なモラル、ジェンダー平等、ハラスメント根絶などで、つねに自己改革に真剣にとりくむことなしに国民の信頼は得られないことを銘記して努力をしたいと思います。

ここで強調したいのは、「民主」と「集中」とは決して対立するものではないということです。方針を決めるうえで、徹底した民主的討論をつくしてこそ、党の統一と団結は可能になります。同時に、確固たる統一と団結という土台があってこそ、党の民主的運営は可能になります。バラバラな党であったら、どうして民主的討論をつうじて方針を練り上げていくということができるでしょうか。「民主」と「集中」を統一して追求してこそ双方を豊かに実践することができるのであります。

日本共産党に対して、政治的立場の違いを超えて、「ブレない党」という評価が寄せられています。それでは、わが党が「ブレない」根本には何があるか。確かな政治路線とともに、民主集中制にもとづく党の統一と団結があるということを私は強調したいのであります。全国のみなさん。日本共産党が民主集中制を堅持し発展させることは、ひとりわが党にとって重要であるだけでなく、日本の社会進歩にとっても大きな意義をもつということを、胸をはって訴えていこうではありませんか。

日本共産党の指導部のあり方に対する批判・攻撃にこたえる

民主集中制にかかわって、日本共産党の指導部のあり方についての批判・攻撃にもこたえておきたいと思います。

わが党が、党員の直接選挙で党首を選んでいないことをもって、「閉鎖的」などと批判・攻撃する主張があります。しかし、わが党は、党規約にもとづく現行の選出方法が、民主集中制とも合致した、もっとも民主的で合理的な選出方法だと考えています。

この問題については、山下芳生副委員長が2月11日付の「しんぶん赤旗」に発表した論文「日本共産党の指導部の選出方法について――一部の攻撃にこたえて」が、党規約にもとづく現行の選出方法について、①個人の専断を排し、集団指導によって民主的に党を運営するうえで、一番合理的、②派閥・分派をつくらず、国民に対して統一的に責任をはたすうえで、一番合理的、③もともと日本共産党は「ポスト争い」とは無縁な党――という3点を明らかにしていますが、これが党規約の立場であります。

指導部のあり方にかかわって、「委員長の在任期間が長すぎるのが問題だ」という批判・攻撃があります。たしかに他党に比べれば長いのは事実です。しかし、批判者たちは、「長い」ことのどこが「問題」と言っているのでしょうか。結局、批判の中身は、「選挙で後退した」「党勢が後退した」というもので、私個人が政治的に重大な誤りを犯したとか、品性の上で重大な問題点があるという批判ではありません。つまりこの攻撃の本質は、日本共産党そのものに対する攻撃ではないでしょうか。

「長すぎるのが問題」という批判は、２０２０年の第28回党大会にむけた討論ではまったく出なかった批判であり、21年総選挙いらいの反共攻撃のなかで支配勢力から意図的に持ち込まれた議論だということを指摘しておきたいと思います。

もちろん私が党の責任者として、選挙や党勢後退の責任を負っていることについては、節々で率直に明らかにし、反省点を明確にし、全党のみなさんとともにその打開のために力をつくしている途上であります。そして、この攻撃に対する最大の回答は、選挙でも党勢拡大でも、前進・勝利をかちとることだと、心して全力をつくす決意であります。「長すぎるのが問題」という攻撃を、日本共産党そのものに対する攻撃ととらえ、みんなで力を合わせて打ち破ることを心から訴えたいと思うのであります。

第28回党大会での浜野副委員長の報告では、中央委員会が推薦する中央役員候補者名簿について、次の4点を重視したとのべています。第一は、「正確で、機敏で安定した指導性を発揮する」ことであり、第二は、「革命的伝統にそって、党のひきつづく確固たる路線を継承・発展させ」ることであり、第三は、「『長い経験と豊かな知恵をもつ試されずみの幹部』と『将来性のある若い新しい幹部』の結合」であり、第四は、

「女性幹部を積極的に登用し、党機関での意思決定の場に女性の参加を高め」ることであります。

　党大会決定で明示されたこの4点は、わが党の幹部政策の基本を示したものとしてどれも重要ですが、なかでも「党のひきつづく確固たる路線を継承・発展させる」こと――科学的社会主義を理論的基礎として、情勢にそくして綱領路線を継承・発展させることは、わが党の〝命〟にかかわる重要な仕事であり、中央委員会に求められる最も重要な責任であることを強調したいと思います。

　これは中央委員会をどのような考え方で構成するかについてのべたものですが、それは同時に、幹部会、常任幹部会、幹部会委員長、書記局長、副委員長などの党指導部をどう構成するか、党指導部にどういう資質がもとめられ、どういう努力がもとめられるかを示す重要な決定でもあります。

　この決定にそくして中央役員のみなさんが互いに努力することを訴えるとともに、私も党指導部の一員として全力をあげて職責を果たす決意を表明するものであります。

「なぜ共産党はこんなにバッシングされるのか」の問いに答えて

先日とりくまれた千葉県船橋市での対話集会で、「なぜ共産党はこんなにバッシングされるのか」という質問が出されました。

　その場でもお答えしましたが、わが党がかくも攻撃されるのは、端的に言えば、日本共産党が革命政党であるからです。つまり現在の体制を大もとから変革する綱領を持ち、不屈に奮闘する党だからであります。古い体制にしがみつく勢力にとっては、もっとも恐ろしい、手ごわい相手だからこそ、攻撃が起こっているのです。

　1883年、マルクスが亡くなった時の葬儀で、エンゲルスがのべた言葉を紹介したいと思います。

「マルクスは、なによりも革命家だった……。マルクスが当時最も憎まれ、最も誹謗《ひぼう》された人だったのは、このためでした。政府は……きそって彼に中傷の虚言をあびせました。彼は、このすべてをクモの巣のようにはらいのけ、それをものともせず、万やむをえないときにしか答えませんでした」

　全国のみなさん。私たち日本共産党も、同じ精神で頑張る必要があるのではないでしょうか。日本共産党に対する攻撃は、わが党が革命政党であることの証しであり、誇りをもって打ち破ろうではありませんか。

総選挙躍進にむけた独自のとりくみ

総選挙躍進にむけた独自のとりくみとしては、次の諸点を訴えます。

比例代表で党を伸ばすことを最優先におき、それに徹するたたかいをやり抜く

「比例を軸に」を文字通り貫きます。比例代表選挙は、全国どこでも必勝区であり、わが党にとって議席獲得の「主舞台」です。〝候補者〟は知名度抜群の日本共産党そのものであり、日本共産党員一人ひとりが候補者のたたかいです。日本共産党そのものの魅力を正面から押し出しつつ、比例代表予定候補者の魅力を日本共産党への支持に結びつける努力をはらいます。すべての支部・グループが得票目標・支持拡大目標を決めて、その達成のために全力をあげることを訴えるものです。

　この間の一連の国政選挙では、党の目標として、市民と野党の共闘の勝利と、日本共産党の比例代

表での躍進を二大目標にすえて、たたかってきました。しかし今回の総選挙では、比例代表で日本共産党を伸ばすことを最優先におき、それに徹するたたかいをやり抜くことを重ねて強調しておきたいと思います。

小選挙区予定候補者の擁立を積極的にすすめます。小選挙区を総選挙をたたかう政治単位として重視し、擁立を大幅に増やし、党躍進の流れを全国津々浦々から巻き起こしていこうではありませんか。

三つの「突破点」をしっかり握った、新しいたたかい方に挑戦する

宣伝・組織活動では、統一地方選挙の教訓を生かし、躍進にむけて次の三つの「突破点」をしっかり握った、新しいたたかい方に挑戦します。

第一の突破点は、「ポスター」とともに、「声の宣伝」を文字通り「全有権者規模」で大発展させることであります。候補者・議員とともに、支部がハンドマイク宣伝、宣伝カー運行にとりくみ、「こんにちは、日本共産党です」の声を街中に響かせましょう。若い世代、真ん中世代、サポーターと協力し、「シール投票」「公園対話」など、双方向の街頭での宣伝にとりくみましょう。全国遊説を、選挙運動の節目に位置づけ、一つひとつを大成功させましょう。

第二の突破点は、「折り入って作戦」、「こんにちは日本共産党訪問」など、訪問での対話活動を徹底的に重視することであります。「折り入って作戦」を選挙勝利と党勢拡大の要の活動と位置づけ、大規模に発展させましょう。「後援会ニュース」で結びついている後援会員や「しんぶん赤旗」読者を２度、３度と訪問・対話して、選挙での支持を広げてもらいましょう。「こんにちは」と声をかけ、困りごとや党への要望・意見を聞き、後援会ニュース、政策チラシを届けて対話をすすめましょう。党支部に対応する単位後援会を再開・確立・強化し、現在、１万７５００人が登録しているＪＣＰサポーターの倍加をめざそうではありませんか。

第三の突破点は、「ＳＮＳに強い党」となり、ボランティア、サポーターが参加する選挙活動を発展させることであります。ＳＮＳを選挙勝利に絶対不可欠と位置づけ、候補者・議員は、ツイッター、ティックトック、インスタグラム、ＬＩＮＥ公式、ユーチューブなどの発信を強めましょう。党機関と選対は、若い世代、真ん中世代の力も借り、候補者・議員をサポートする「ＳＮＳチーム」をつくりましょう。中央として発信を抜本的に強化し、オンライン・サポート講座を適宜開催します。支部と党員は、ＬＩＮＥ活用を重視し、「ＬＩＮＥ友だち」に候補者の発信する情報を送って、「対話と支持拡大」「折り入って作戦」にとりくみましょう。

全国のみなさん。日本の国のあり方の根本が問われる総選挙で、日本共産党の真価がきわだつたたかいをやり抜いて、必ず躍進をかちとろうではありませんか。

東北被災３県の延期選挙や長野市議選など一連の中間地方選挙の勝利のために、統一地方選の教訓を生かし、全力をつくすことを訴えるものです。

三、「第29回党大会成功、総選挙躍進をめざす党勢拡大・世代的継承の大運動」のよびかけ

報告の第三の主題は、党大会をめざす党勢拡大・世代的継承の方針についてであります。

7中総後の党勢拡大・世代的継承の到達点について

7中総後の党勢拡大・世代的継承の到達点についてのべます。

今年1月の7中総決定にもとづき、わが党は、今年の最大の任務を党勢拡大におき、来年1月に開催が予定されている第29回党大会までに、第28回党大会で決めた党建設の目標――党員拡大と「しんぶん赤旗」読者拡大で、第28回党大会比130％の党をつくる、青年・学生と労働者、30代~50代などの世代で党勢を倍加し、民青同盟を倍加するという目標を達成するという新たな挑戦に力をつくしてきました。

党勢の後退傾向は最大の弱点――全党の知恵と力を総結集して打開を

7中総後、党員拡大では1595人の新しい党員を迎えました。党員現勢では前進に転ずることができていませんが、新しく迎えた党員のうち557人が青年・学生、真ん中世代、労働者であることは重要であります。逆風をついて入党された新しい仲間のみなさんに、第8回中央委員会総会として、心からの歓迎のメッセージを送ります。

民青同盟が、昨年の全国大会後1332人の同盟員を迎え、年間拡大目標2000人の早期達成への勢いをつくりだしていることは、大きな希望であります。

「しんぶん赤旗」読者拡大は、2月に前進をかちとったものの、1月~5月の通算で、日刊紙6826人減、日曜版3万6197人減、電子版113人増となりました。

7中総後、党勢で後退傾向が続いていることは、わが党の党活動の最大の弱点であり、全党の知恵と力を総結集してその打開をはかることは、急務となっています。

「返事」に学び、活動の強化方向を明らかにし、ともに前途を開いていく

同時に、この間、私たちは、党づくりの前進への巨大な足掛かりをつくってきました。7中総の「手紙」と「返事」のとりくみであります。

現在、7中総の「手紙」を85・3％の支部が討議し、43・5％の支部から中央委員会に「返事」が届いています。これは党の歴史のなかでも近年にない新しい開拓的挑戦であり、「返事」を寄せていただいた支部のみなさんに、中央委員会を代表して心からの感謝を申し上げます。

「返事」は、常任幹部会の責任で、最大限ありのままの声を反映した「まとめ」を作成し、8中総までに全中央役員のみなさんにお届けし、読んでいただき、それを踏まえて8中総方針を練り上げることにしました。

私たちが感動を持って読んだのは、多くの支部が、2回、3回、4回と討議し、最初は「130％なんてできるだろうか」というところから議論が出発しながら、くりかえし討議するなかで、支部の存在意義を確かめあい、「このままでいいのか」と議論が発展し、党づくりの実践に踏み出していることです。そこには、支部が直面する困難とともに、党建設を前進させるうえでの「豊かな宝庫」とも呼ぶべきたくさんのヒント、手掛かり、経験、教訓、そして決意が書き込まれています。

「返事」は全体として、わが党は多くの困難を抱えていますが、すべての支部の自発的な力に依拠してすすむならば、わが党には強く大きな党をつくる力があるということを、私たちに強く確信させるものとなっています。

中央に寄せられた「返事」に学び、「130％の党」をつくる活動の強化方向を明らかにし、ともに前途を開いていく――この姿勢を堅持して以下報告を行いたいと思います。

「大運動」のよびかけ――近年ではやったことのない党勢拡大の飛躍的なうねりを

党の政治任務の実現、党の未来にとって、どうしても必要な課題

「130％の党」を実現するためには、大会までに党員10万人、日刊紙読者8万人、日曜版読者35万人を増やすことが求められます。

近年では、やったことのない規模での党勢拡大の飛躍的なうねりを、これから半年余でつくりだすことが、わが党の政治任務を実現するうえでも、党の未来にとってもどうしても必要であります。

そのために、8中総から党大会までの期間、「第29回党大会成功、総選挙躍進をめざす党勢拡大・世代的継承の大運動」にとりくむことを呼びかけるものです。

「大運動」成功へ――四つの力点を握った奮闘を訴える

「大運動」を次の四つの力点を握って成功させることを訴えます。

第一は、毎月前進をはかる党勢拡大の独自追求と、全党からの「返事」に学んだ法則的活動を一体的に追求することであります。

党勢拡大の飛躍的なうねりを実現するためには、毎月毎月党勢拡大の目標をやり抜く党勢拡大の独自追求――独自の手だてをやり抜くことが絶対不可欠です。都道府県委員会と地区委員会が、党大会時の党勢回復・突破の期日を明確にして、130％に向かう「最初のハードル」として、必ずやり抜くための断固としたイニシアチブを発揮するよう訴えます。これまでの運動では、3月末までの中間目標を設定して、挑戦してきました。これから半年あまりの期間、「大運動」にとりくみますが、その「最初のハードル」として、まず党大会時を回復・突破して、130％に向かうという構えでとりくみたいと思います。昨日の幹部会では、わが県では7月中にこのハードルを突破する、8月に突破するという発言が相次ぎましたが、まずこの「最初のハードル」を次々突破していく勢いをつくりだし、130％への流れをつくっていきたいと思います。

同時に、この運動を末広がりの運動として発展させるためには、「返事」に学んだ法則的活動にとりくむことが必要であります。後にのべるように、幹部会報告ではそれを六つの点にまとめました。

第二は、総選挙躍進を「大運動」のなかに太く位置づけることであります。情勢は解散含みで進展しており、「大運動」の途中で総選挙をたたかうことも起こりうることです。総選挙躍進のためには、すでにのべたように綱領的立場にたった政治攻勢をかけ、選挙独自の課題にとりくむことが必要になりますが、躍進の最大の保障となるのは「130%の党」づくりのとりくみで飛躍的なうねりをつくることであります。

第三は、7中総の「手紙」と「返事」のとりくみを、文字通りすべての支部の運動へと発展させることであります。討議をはじめたが「返事」を寄せるにはいたっていない支部のみなさんに、8中総も踏まえてぜひ「返事」をお寄せいただくことを、心から訴えるものです。また、「返事」を踏まえて党づくりの運動が前進するように支部と機関の一体となったとりくみをすすめることを、心から訴えるものです。

この運動を促進するために、8中総として、別紙で提案しているような、「手紙」に必要最小限の補強を行うこととしたいと思います。

第四は、世代的継承――青年・学生、労働者、真ん中世代の党勢倍加、民青同盟の倍加を、すべての支部、党機関、議員団が特別に位置づけ、党の総力をあげて実現することであります。そのなかでも、とくに青年・学生分野の活動の抜本的強化をはかるために、8中総として、別紙でお配りしていますが、「特別決議」を採択することを提案したいと思います。

以上四つの力点を握って大運動を成功させたいというのが、まず冒頭のべておきたい点であります。

どうやって「大運動」を成功させるか――「返事」に学んで法則的活動の開拓を

どうやって「大運動」を成功させるか。

その答えは全国から寄せられた「返事」のなかにあります。次の六つの点を「返事」から学んで法則的活動の開拓をともにはかりたいと思います。その内容は、第28回党大会・第二決議が示す党建設の発展方向と深く重なりあうものとなっています。私たちが六つの点をまとめるにあたっては、支部が直面している悩みを受け止め、教訓に学び、中央として何をなすべきか――この三つの要素を重視しました。

いかにして結びつきを広げるか

第一は、いかにして結びつきを広げるか。

「返事」には、党勢拡大への強い思いはあるものの、「対象者がいない」「結びつきがない」などの悩みが多く書かれています。

一方、「返事」には、要求運動や「集い」に、支部、議員団、党機関が協力してとりくむならば、新しい結びつき、若い世代・真ん中世代との結びつきが広げられ、党勢拡大に結実した経験も多数報告されています。

長野県・中信地区・松本市・島内支部からの「返事」では、「国政・地域要求運動にともなうさまざまな署名運動にとりくんでいます。前回統一地方選挙中にとりくまれた『ストップ安倍改憲3000万署名』は戸別訪問し、全戸数の53%の筆数に達しました。現在は、学校給食無償化署名にとりくんでいます」とのべられ、前大会以降党員数が150％に前進したことが報告されています。

やはり要求運動と党勢拡大の「車の両輪」にとりくむことこそ、結びつきを広げ、党づくりを前進させる大道であります。

この点で「返事」には、要求をとりあげた運動をつくること自体に苦労しているとの支部も少なからずあります。こうした悩みにもこたえて、中央として「要求運動・『車の両輪』・オンライン交流会」を開催し、とりくみの促進をはかります。

どうやって「入党の働きかけの日常化」をはかるか

第二は、どうやって「入党の働きかけの日常化」をはかるか。

７中総の「手紙」では、「党員拡大の日常化」をよびかけましたが、「返事」では、「党員拡大を議論すると長い沈黙が続く」「一度対象者をあげて働きかけたが、断られてそこで止まってしまった」などの声も少なくありません。

他方で、党員拡大に日常的にとりくんでいる支部からの「返事」では、①「いますぐ入りそうかどうか」で党の側から壁をつくらない、②何度も働きかけることを想定しながら、一回一回の働きかけを評価し、相手との距離を縮めていく立場で党員拡大を議論し実践していることが書かれています。こうした立場で議論し実践してこそ、若い世代・真ん中世代への働きかけの条件が見えてくることが報告されています。

やはり答えは、「入党の働きかけに失敗はない」「一回一回の働きかけに大切な意味がある」という党大会第二決議の立場に徹することにあるのではないでしょうか。

この点で中央の姿勢として大切な意見だと感じたのは、「返事」のなかで、「党活動ページに掲載される記事が成果ばかりで落ち込む」「テストの点がいい子が褒《ほ》められるのを教室の隅で見ている気分になる」などの声が寄せられていることです。

党員拡大の結果だけでなくプロセスに光をあてる、党員拡大の議論が楽しく生き生きとされている工夫を紹介するなど、「しんぶん赤旗」党活動ページを「入党の働きかけの日常化」を促進するのにふさわしい紙面となるよう刷新を行います。

また、このとりくみを促進する資材として、動画「18問18答」を作成しましたので、積極的に活用していただきたいと思います。

いかにして全党員を結集し、新入党員の成長を保障する支部活動をつくるか

第三は、いかにして全党員を結集し、新入党員の成長を保障する支部活動をつくるか。

「返事」では、新入党員を迎えたものの支部活動に結集できず離れてしまったことや、「『楽しく元気な支部会議』というが、支部会議が楽しくなく、『暗く沈んだ会議』になってしまいます」などの悩みが語られています。若い世代・真ん中世代の党員を支部に迎えたさい、入党の初心が生きる活動をつくれていないとの苦労の声も寄せられました。

一方、「楽しく元気の出る」支部活動をつくっているところでは、支部会議の定期開催と一人ひとりの党員の思いを大切にする運営、系統的な学習の努力を重視していることが、共通する特徴となっています。

この1年半で4人の入党者を迎えている**神奈川県・県央地区・伊勢原市・沼目支部**からの「返事」には、「支部会議を月２回定例化し、まずは楽しくて生きいきとした内容にするために、何でもいいから3分間全員から発言してもらっています。もう一つ支部会議で必ず行っていることとしては『学習』です。現在は、新入党員向け教育として『綱領』を学んでいますが、私たちは支部全員で学んでいます。4月から『規約』にすすみます」と書かれていました。温かい人間的連帯と学習を大切にした支部活動の姿が浮かんできます。

中央として、「返事」で寄せられた悩みにこたえ、一人ひとりの党員の初心、人間的連帯、学習を重視する支部づくりの経験を丁寧に伝えていくようにします。支部会議を週1回定期開催してこそ、「楽しく元気の出る支部会議」にすることができるという生きた経験も広げていきたいと思います。また、若い世代・真ん中世代の学習と交流の場を、支部と協力して党機関が積極的につくっていくことを後押しするイニシアチブを発揮していきます。

配達・集金の困難をどうやって打開していくか

第四は、配達・集金の困難をどうやって打開していくか。

「返事」では、「しんぶん赤旗」中心の党活動、とくに配達・集金の困難が深刻化していることが書かれており、胸がつぶれる思いで読みました。

これを打開するには、「しんぶん赤旗」の草の根のネットワークを維持・発展させることがどんなに貴い活動かをみんなの共通の認識にして、配達・集金活動の担い手を増やしていくこと以外にはありません。この点で、「手紙」の討議を機に、機関紙活動の担い手が広がった支部の経験が報告されていることはうれしいことであります。

三重県・中部地区・松阪西部支部からの「返事」では、長年、支部長が読者の多くを抱える状態が続いていたが、「手紙」の議論をするなかで、支部会議を月2回から4回に増やし、支部長が抱えている読者の軒数や状況を把握し、地図を前に話し合って配達を分担した。真ん中世代の党員も含めて新たに4人が配達・集金活動に加わり、支部長の担当をほぼ半分に減らすことができたとの経験が報告されています。

統一地方選挙でも、紙の「赤旗」読者――配達・集金活動で結びつき、顔の見える関係を築いてきた読者が大きな力になってくれました。

中央として、困難な中でも奮闘するみなさんの思いを共有し、紙の「赤旗」のかけがえのない役割をつかみ、配達・集金活動の困難を打開する道を探求する「配達・集金・読者との結びつき」交流会を開催したいと思います。

より広い方々、「電子版なら読める、読みたい」という方々に「しんぶん赤旗」を広げるために、日刊紙の電子版をより積極的に位置づける制度改革にとりくむとともに、日曜版の電子版の実現に向けた準備を開始いたします。今行っている「電子版」の3週間無料・「お試しキャンペーン」もぜひ活用していただき、労働者・真ん中世代に「赤旗」購読を広げる力にしていただくことも、訴えるものです。

「職場支部の灯を消したくない」との思いをどう生かすか

第五は、「職場支部の灯を消したくない」との思いをどう生かすか。

7中総の「手紙」は、これまで十分に活動できなかった支部も含めて、多くの職場支部で正面から受け止められ、全国1700の職場支部から「返事」が届いています。職場党支部の灯を守り続けてきたことがどんなに意義あることかがつづられ、「職場の仲間を党に迎え、支部を継承したい」という切々たる思いが伝わってくる「返事」であり、胸を熱くして読みました。

そこには「どこから手をつければいいか」などの悩みとともに、労働組合やサークル活動の結びつきを生かすなど、職場での党づくりのヒントが豊かに記されています。

関西のある保育所支部からの「返事」では、「保育所の党がなくなる危機を前にして、正規も非正規も管理職も退職者も一緒に活動できる職場革新懇の存在を知り、２年余りの準備会期間を経て、２０２２年５月に『保育革新懇』を結成しました。連続『保育学習会』にとりくむなかで、結成当時は33名だった会員が現在１７９名になっています」と書かれていました。「返事」は、『党の灯は消したらあかん！』を合言葉に仲間とともに『つながり』を大切に、全力を尽くしたい」との決意で結ばれていました。

職場支部からの「返事」では、この間、中央が行ってきた学校職場・自治体職場での「党づくりの経験を学びあう会」、職場支部援助担当者会議が力となって支部の活動が活性化している経験も少なくありませんでした。

そこで職場での党づくりをさらに前進させるために、中央として、各分野の職場支部が一堂に会する「職場支部学習・交流講座」を開催し、職場での綱領学習を援助するとともに、全国の経験を交流する場として成功させたいと思います。

若い世代、真ん中世代の地方議員の役割について

第六は、若い世代、真ん中世代の地方議員の役割についてであります。

「返事」では、統一地方選挙で、若い世代、真ん中世代の候補者を立てて一緒にたたかった支部から、「支部が元気になった」「世代的継承の展望が見えた」という、はじけるような喜びの声が多数寄せられています。**東京都・杉並区で初当選を果たした小池めぐみ議員**を擁立してたたかった支部は、「返事」のなかで、「展望は、私たちが小池さんと一緒にそのまわりにいる若者世代に結びつき、運動をすすめ、その中から読者と党員を拡大することだと思います」とつづっています。

今回の統一地方選挙を経て、現在全国では、若い世代、真ん中世代の党地方議員が７２５人奮闘しています。この同志たちの力を生かすならば、世代的継承の大きな可能性を開くことができることは間違いありません。同時に、若い世代、真ん中世代の地方議員――とくに初当選した議員にとって、他党派との論戦や議会運営の交渉にのぞむことにはプレッシャーや悩みもつきないものがあります。子育てを含めて家族との時間を大切にすることも重要です。こうした議員を、支部と党機関がみんなで支え、励まし、援助し、ベテランの議員との協力・連帯を強化していくことが、強く求められます。

そこで中央としても、都道府県としても、「若い世代・真ん中世代の地方議員の学習・交流会」にとりくみ、若い議員の初心をリスペクトし、全党でその活動を支えながら、世代的継承にともにとりくんでいきます。

党機関の成長・強化をはかる「大運動」に

支部への「手紙」と「返事」のとりくみで生まれている変化を、どう「大運動」の成功に結実させるか。

党機関の役割はたいへん大きいものがあります。統一地方選挙後

の都道府県・地区委員長からの報告では、党機関の体制が確立できず、党機関の世代的継承も困難に直面していることがリアルにのべられています。この「大運動」を、党機関も自らの成長・強化をはかる「大運動」にしていくことが、どうしても必要です。そこで次の努力を訴えるものです。

いまこそ支部と党機関の「双方向・循環型」の党活動を

第一に、いまこそ支部と党機関の「双方向・循環型」の党活動をつくりあげることであります。「手紙」と「返事」のとりくみは、支部と党機関の関係も変える力を持っています。その大前提は、地方党機関も、支部の「返事」をしっかり読み、支部への指導・援助の方向について、集団的に討議することであります。

〝まずここから踏み出したい〟という支部の意欲をおおいに励まし成果に結び付けていく援助、〝なかなか展望が見えない〟という悩みや困難を受け止め一緒に解決していく援助の両面で、「返事」を生かした「双方向・循環型」の党活動をつくっていこうではありませんか。まだ「返事」を出せていない支部こそ援助を求めています。文字通りすべての支部が「返事」を出せるように親身な援助をつくそうではありませんか。

「大運動」のなかで、機関体制の強化を系統的にすすめよう

第二は、「大運動」のなかで、機関体制の強化を系統的にすすめることであります。「大運動」の成功にとっても、次期党大会・党会議での機関体制の確立を展望しても、新しい幹部の育成や党機関の世代的継承が緊急・切実な課題となっています。

党機関の現状にてらせば、〝力を持っている人を探す〟――職場を退職した党員をはじめ今ある条件をくみつくして体制強化をはかるとともに、〝機関活動の経験を積みながら一緒に力をつけていく〟という姿勢で、若い機関役員を系統的に育成し、「大運動」にとりくみながら党機関のレベルアップをはかっていくことが大切であります。

そのためにも、党機関自身が、党大会第二決議が強調しているように「学習と政治討議を第一義的課題」にすえ、優先的に時間をとってとりくむことをとくに訴えたいと思います。また、若い世代・真ん中世代の党員に、意思決定の場に入ってもらい、方針を一緒に考え、一緒に実践し、主体的・自覚的に力を発揮してもらい、成長を援助することを重視しようではありませんか。

ジェンダー平等、ハラスメント根絶を党活動のなかでも重視する

ジェンダー平等、ハラスメント根絶を掲げる党として、この問題を党活動・党建設でも重要な柱の一つと位置づけ、党員一人ひとりの個人としての尊厳が尊重される党をめざして、全党が自己改革にとりくむことを強く訴えたいと思います。

ジェンダー平等――党内にも存在するゆがみや遅れと向き合い、つねに自己変革を

日本共産党という組織と一人ひとりの党員のなかにも、ジェンダーは、無意識のうちに浸透し、内面化してきます。この面でのゆがみや立ち遅れが、党員、とくに

女性党員の生き生きとした力の発揮をさまたげている現状が、わが党の党内にも残されています。そうした人権意識のゆがみや立ち遅れと向き合って、つねに自己変革する努力を続けることを、党活動・党建設の重要な柱として重視していきたいと思います。

この間、とくに女性党員、若い党員が、生き生きと力を発揮している党組織に共通しているのは、個人の尊厳とジェンダー平等を綱領と科学的社会主義の立場から深くとらえるとともに、子育てなどケアを担っている党員がその力を発揮できる党活動のあり方をみんなで話し合い、自らの活動を見つめなおし、力を合わせて改革・改善をはかっていることであります。

高知県では、統一地方選挙で真ん中世代の力が生き生きと発揮されましたが、子育てや働き方の条件も踏まえた多様な活動参加のあり方を大切にし、党内にも残されていたジェンダー不平等の現実に直面した候補者や党員の思いをしっかりと受け止め、改善をはかったことが、生き生きとした活躍の土台となりました。これらの努力を全党に広げようではありませんか。

ハラスメント根絶——対等な仲間として尊重しあうあたたかい人間集団を

党規約で党員の権利と義務の冒頭に、「市民道徳と社会的道義をまもり、社会にたいする責任をはたす」ことを掲げる党として、あらゆるハラスメントを根絶することが強く求められています。

この間、残念ながら、これに逆行する言動が党員を深く傷つけ、その成長を妨げ、党組織の民主的運営と団結を損なう事態が、一部に生まれています。

ハラスメントについての社会的・国際的到達点に学び、日常活動で生まれた弱点を率直に指摘しあい、克服していく努力を、幹部会は先頭に立って行う決意であり、中央委員会総会の意思として確認したいと思います。

年齢や性別、経験の違い、任務の違いをこえて、だれもが互いに対等な仲間として尊重しあうあたたかい人間集団をつくろうではありませんか。

ハラスメントが起こったときには、事実と党規約にもとづいて、真摯《しんし》に解決に向き合うことが求められます。党機関も支部も、先延ばしにしたり、曖昧にしたりせず、問題解決に真剣にとりくむことを、心から呼びかけるものであります。

党の総力をあげて、「数万の民青」、1万の青年・学生党員を——「特別決議」の提案

党の世代的継承の事業のなかでも、最も重視すべき中心課題は、青年・学生のなかでの党と民青同盟の建設であります。

そこで、〝ここから党の世代的継承をやり抜き、党の未来をつくっていく〟——この決意にたって、第8回中央委員会総会として、党の総力をあげて、5年間で「数万の民青」と1万人の青年・学生党員を実現することを目標に、すべての都道府県委員会、地区委員会が「青年・学生分野の5カ年計画」を策定し、青年・学生支部と民青班の援助に総力をあげることを呼びかける「特別決議」を採択することを提案いたします。お手元に「特別決議案」を配布してありますが、その中心点は以下の通りであります。

いま若者のなかで大きな党と民青をつくる歴史的時期を迎えている

第一は、いま若者のなかで大きな党と民青をつくる歴史的時期を迎えていることであります。

この間、民青拡大のとりくみのなかでの青年・学生の反応には、①民青同盟が日本共産党を相談相手にしていることが加盟するさいの安心となっている、②「アメリカ言いなり」「財界のもうけ最優先」という日本の政治の「二つのゆがみ」に関心が示され、ここを変えれば日本の社会は良くなるということが希望として伝わる、③貧困と格差、気候危機、ジェンダーなどとのかかわりで、資本主義を乗り越える未来社会論にも大きな関心が寄せられている——などの新しい特徴があります。

この根底には、高学費、低賃金、不安定雇用、平和の危機など、自民党政治が若者に希望ある未来を何ら示せない行き詰まりを深めているという問題があります。さらに21世紀を迎えて、資本主義という体制そのものがいよいよ深い矛盾を露呈しているという情勢の大きな歴史的変動があります。

そういうもとで、民青同盟が、食料支援や若者憲法集会など、若い世代の切実な願いにこたえた運動にとりくむとともに、党綱領と科学的社会主義の学習に情熱的にとりくんできたことが、この間の民青同盟の拡大の前進につながっていることは、ほんとうに心強いことであります。

いま青年・学生分野で飛躍に転ずる歴史的時期であります。

全国のみなさん。この歴史的チャンスをとらえ、青年・学生の要求にこたえた活動にとりくむとともに、党綱領と科学的社会主義の魅力を語り、強く大きな党と民青同盟をつくろうではありませんか。

「特別決議」を討議・具体化し、青年・学生から世代的継承をやり抜こう

第二に、どうやって、「数万の民青」、「1万の青年・学生党員」を実現するか。

「特別決議（案）」は——、①すべての都道府県、地区委員会が、「数万の民青」と「1万の青年・学生党員」を実現する「5カ年計画」を策定し、総力をあげた実践にふみだすこと、②青年・学生支部と民青同盟への援助にあたっては、党綱領と科学的社会主義の学習への援助を最優先の中心課題にすえること、③地域支部、職場支部が青年・学生のつながりを出しあい、可能なところから働きかけること、④青年・学生分野への援助体制を強化すること、⑤「5カ年計画」実現への最初の突破口として、次期党大会までの「大運動」のなかで党と民青の「倍加」の実現に総力をあげること——を訴えています。

未来は青年のもの。これはいつの時代にあっても真理です。

この「特別決議」を、党機関はもとより、全党で討議・具体化し、青年・学生から党の世代的継承をやり抜き、党の未来をつくっていくために、あらゆる知恵と力をつくすことを、心から訴えるものであります。

党の命運がかかった歴史的時期——総選挙準備とともに「大運動」の目標総達成を

全国の同志のみなさん。８中総から来年１月の党大会までの時期は、日本共産党にとって命運がかかった歴史的な時期となります。この時期に、いつ解散・総選挙となっても躍進できる準備を着々とすすめながら、近年ではやったことのない規模での党勢拡大の飛躍的なうねりを必ずつくりだし、「大運動」の目標を総達成し、第29回党大会を大成功に導こうではありませんか。以上で、幹部会を代表しての報告を終わります。

（「しんぶん赤旗」２０２３年６月25日付）

第8回中央委員会総会

志位委員長の結語

2023年6月25日

みなさん、2日間の会議、おつかれさまでした。

幹部会を代表して討論の結語をおこないます。

わが党の「命運」がかかった中央委員会総会は、大きな成功をおさめた

率直な思いを出しあい、深めあう討論がおこなわれた

総会では、60人の同志が発言しました。全体として、幹部会報告を正面から受け止めたたいへんに深い討論がおこなわれました。また、一人ひとりの中央役員のみなさんの疑問も含めた率直な思いを、大いに出しあい、深めあう、たいへんに率直な討論、民主主義をつらぬいた討論がおこなわれたことは、きわめて重要だと思います。こうした率直な討論は、中央としてもさらに努力していきたいと考えますが、都道府県・地区委員会でもぜひ努力をしていただきたいと思います。

総選挙の比例代表・小選挙区予定候補者の同志からの意気高い決意の表明が、あいついだ総会ともなりました。

全国でリアルタイム視聴の合計は6万1110人、ユーチューブの録画再生は、現時点で約4万8千人となっています。どちらも過去最大規模となりました。この総会に対する注目と期待の大きさを反映していると思います。

「これからの『双方向・循環型』の活動が楽しみ」という感想が

全国から501通の感想が寄せられています。感想を読みましても、幹部会報告の全体がきわめて積極的に受け止められています。とくに中央が全国の支部・グループから寄せられた「返事」から、真剣に学ぶ姿勢をつらぬき、「双方向・循環型」の党活動の発展を重視していることへの共感が強く寄せられています。

幹部会報告では、中央に寄せら

れた「返事」のなかで、「しんぶん赤旗」の党活動ページについて、「テストの点がいい子が褒《ほ》められているのを教室の隅で見ている気分になる」との率直な声があったことを紹介し、党活動ページの紙面刷新をおこなう決意をのべました。ぜひしっかりやっていきたいと思います。

感想のなかで「教室の隅で見ている気分」との声を寄せた支部の同志から、次のような感想が寄せられました。たいへん印象深い感想でしたので、そのまま紹介します。

「ちょっとぼーっとしていたら、自分の『返事』が読まれてたまげました（笑い）。『ほんとに中央に送ってくれた？』と地区委員長を疑ってすみません（笑い）。いやー、ほんとに読んでいるんですね……それはそれでちょっと動揺します。『返事が書けないところにこそ、援助を』と言われて、それも『返事』に書いたので、これからの『双方向・循環型』の活動が楽しみです」

「これからの『双方向・循環型』の活動が楽しみ」といううれしい感想であります。

全国の党支部と中央が、「双方向・循環型」の心がかよう絆で結ばれたことは、「手紙」と「返事」の活動の最大の成果だと思います。この道を、自信をもってすすもうではありませんか。（拍手）

幹部会報告では、その結びで、「8中総から来年1月の党大会までの時期は、日本共産党にとって命運がかかった歴史的な時期となります」とのべました。わが党にとって「命運がかかった歴史的な時期」の新しい出発点となるこの8中総は、わが党にとって文字通り「命運」のかかった、重要な中央委員会総会となりましたが、中央役員のみなさんの奮闘によって、「総選挙躍進」「130％の党」への新たな決意を固めた総会として、大きな成功をおさめたことが確認できるのではないでしょうか。（拍手）

総会に対して、文書発言も寄せられました。常任幹部会の責任で、今後の活動に最大限生かすことをお約束したいと思います。

「政治対決の弁証法」という大局的な政治情勢論をにぎって

幹部会報告では、「政治対決の弁証法」の立場で、私たちが立っている到達点、展望をつかむことを訴えましたが、この大局的な政治情勢論は多くの発言で深められました。討論を踏まえて、三つの点を強調したいと思います。

どういう政治姿勢で今後の情勢に立ち向かうかの大局的見地を明らかに

第一は、この政治情勢論は、統一地方選挙の結果をどうみるかだけではなく、私たちがどういう政治姿勢で今後の情勢に立ち向かうかの大局的見地を明らかにしたものだということであります。

討論でも、「今後の全党の構えをつくっていく上で要の問題」だと受け止めたなどの発言が続きました。まさにこの政治情勢論は、どういう構えで総選挙にのぞむか、どういう構えで「130％の党」づくりに挑戦するのかの要となるものであります。この立場は、幹部会報告ではその全体に、この政治情勢論が音楽でいうライトモチーフ――繰り返し使われる動機のように貫かれていることを強調したいと思います。

「もう一つ元気が出ない」という気分を吹き払っていくうえで決定的なカギ

第二に、討論では、党内に、「もう一つ元気が出ないという声がある」、「敗北主義的な傾向がある」ということが率直に出されました。同時に全国からの感想で、幹部会報告を聞いて、「これまでの報告のなかで、いちばん元気が出る報告だった」という感想が多く寄せられました。

この2回の国政選挙と統一地方選挙での後退、連続する激しい反共攻撃などに直面して「何となく元気が出ない」という気分が党内にあることは事実だと思います。情勢の厳しさにたじろいでしまう「情勢負け」ともいうべき状況を吹き払っていくうえで、「政治対決の弁証法」という科学的で発展的な見方ができるかどうかは決定的なカギとなっています。幹部会報告が、「何となく元気が出ない」という状況に対する最大の回答となっていることに自信をもって、これを全党のものにする努力をはかりたいと思います。

「政治対決の弁証法」のプロセスは途上にある——党躍進で決着をつけよう

第三に、強調したいのは、21年総選挙を一つの起点とした「政治対決の弁証法」のプロセスはその途上にあるということです。21年総選挙でわが党は、市民と野党の共闘の態勢をつくりあげ、政治的な大攻勢をかけました。それに対して支配勢力は大規模な共闘攻撃、日本共産党攻撃でこたえました。攻撃は、22年参議院選挙、今年の統一地方選挙でも続きましたが、この二つの選挙で、私たちは全党の奮闘によってそれを押し返す過程にあります。すなわち「政治対決の弁証法」のプロセスはその途上にあります。総選挙で躍進をかちとり、「130％の党」をつくって、このプロセスに一つの決着をつけようではありませんか。そうすれば新しい展望が大きく開かれてきます。

総選挙で躍進し、党勢拡大で飛躍をかちとるならば、困難に直面している市民と野党の共闘を再構築し、それを大きく花開かせる展望も開かれるでしょう。プロセスの途上にあるこのたたかいを、総選挙での党の躍進、党勢拡大の成功によって次のステージに高めていく、そのために頑張りぬこうではありませんか。（拍手）

切実な願いと結びつけて「もとから変える」論戦を——閉塞感を打ち破る新鮮な力を持つ

国民の中にある閉塞感を打ち破る新鮮な力を持つ

幹部会報告では、総選挙をたたかう政治姿勢の第一に、国民の切実な願いと結びつけて、異常な対米従属・財界中心という日本の政治の二つのゆがみを「もとから変える」——わが党の綱領的値打ちを太く押し出した論戦にとりくむことを訴えました。この提起はたいへんに積極的に受け止められ、深められました。

こうした政治論戦をおこなうことがいかに重要かを、現在の政治情勢とのかかわりでつかむことが大切です。

自民党政治はいま、あらゆる面で深い行き詰まりに直面しています。平和が危うくされる不安が広がっています。暮らしがいよいよ苦しく、経済が停滞し、少子化など社会が衰退する危機感が広がっています。人権を無視し、民主主義を無視する政治、国民の声が届かない政治が横行することへのやりきれない不満と批判が広がっています。ところがその打開の展望がなかなか見えない。そうしたもとで国民の中で深い閉塞《へいそく》感が広がっています。

　そこにつけ込む形で、「改革」を叫ぶ維新の会などへの幻想が広がる状況もあります。しかし討論でも指摘されたように、この党は、異常な対米従属・財界中心という二つのゆがみの大本には、もとより指一本触れることはできませんし、二つのゆがみと国民との矛盾を解決する力をひとかけらも持っていません。このゆがみをよりいっそう深刻にするだけの文字通りのまやかしの「改革」論であります。

　そういうもとで、「こんなアメリカいいなりの国でいいのか」、「こんな財界のもうけ最優先の国でいいのか」と、ズバリ問いかける。国民の切実な要求との接点を重視して、相手に伝わるようにズバリ問いかける。そして、わが党の改革の抜本的対案を、外交でも、経済でも、人権でも大いに語る。こうした論戦が国民の中にある閉塞感を打ち破る新鮮な力を持つことは疑いありません。それはまやかしの「改革」論を吹き飛ばす最大の力を発揮することになるでしょう。わが党の街頭でのこうした訴えに対して、「新鮮だった」「ガツンと気合が入った」などの感想が寄せられたとの発言もありました。

「日本共産党らしい論戦」を、堂々とやり抜いて勝利をつかもう

　これまで、こうした党の綱領的値打ちを大いに押し出す論戦は、全党のみなさんは当たり前のように語ってきたと思います。ただ、この数回の国政選挙では、市民と野党の共闘を重視する立場から、緊急の諸課題での訴えが前面になってきたという事情もありました。今回は、いわば「日本共産党らしい論戦」を、堂々とやり抜いて勝利をつかもうというのが、幹部会報告の呼びかけであります。

　民青同盟のみなさんが、この間、大きな前進を開始していますが、加盟の呼びかけ文で興味がある部分にアンダーラインを引いてもらって対話をしているとのことです。「アメリカいいなり・財界中心」という二つのゆがみのところにアンダーラインが引かれ、対話になり、ここを変えることが希望だ、という話し合いになっているとのことです。自民党政治の行き詰まりのもとで、切実な要求と結び付けて、綱領的値打ちを太く押し出した論戦は、若い世代の気持ちにも必ず響くものになると考えます。この訴えを縦横におこなって、躍進をかちとろうではありませんか。（拍手）

革命政党として統一と団結をいっそう強める――断固たる回答を示す総会に

　幹部会報告では、総選挙をたたかう政治姿勢の第二に、支配勢力によるわが党の綱領と組織のあり方に対する攻撃を打ち破って、党への丸ごとの支持を広げ、積極的支持者を増やす政治的大攻勢をかけることを訴えました。

「やり過ごす」のでなく、正面から攻勢的に打ち破ろう

　綱領への攻撃に対して、党の立場を丁寧に明らかにしていくとともに、党の組織のあり方への攻撃にこたえることが、総選挙での重

要な焦点になることを強調しました。とくに民主集中制、党の指導部のあり方への攻撃について、私たちの回答をのべました。

この点も討論で深められました。幹部会報告に対して、「モヤモヤがあったがすっきりした」という反応が非常に多くありました。これは党の組織のあり方に対する支配勢力の攻撃が、党内外の人々にも一定の影響を与えていることを示しています。討論の中で『攻撃という言葉を使わないほうがいい』と、攻撃に立ち向かうのでなく、やり過ごそうという雰囲気もある。ここをたださなければならない」との率直な発言もありました。

もちろん国民に語りかける時には、受け入れやすい言葉をまじえながら語ることの工夫は大切です。私の場合、たとえば、「事実に反する批判、すなわち攻撃」という言い方もしています。しかし今、支配勢力によっておこなわれている党の組織のあり方、民主集中制、党の指導部に対する批判、非難は、まごうことなき反共攻撃です。反共攻撃を反共攻撃ととらえず、「やり過ごそう」となれば、わが党はどんどん押し込まれることになります。正面から攻勢的に打ち破る、政治的大攻勢をかけるという立場をしっかりと確立してこそ、直面する総選挙での躍進に道が開かれるし、党勢拡大も前進させることができます。

民主集中制とドイツ左翼党の教訓について

民主集中制にかかわって、昨年秋におこなったドイツ左翼党との会談について、緒方靖夫副委員長から報告がされました。

ドイツ左翼党は、「欧州のNATO化」と言われる大逆流の中で、NATO反対で頑張っている党であります。ドイツのなかで最も強力な左翼の党です。ところがこの党の指導部と会談しますと、「派閥抗争があり、議員、候補者、地方議員がのべる政策がバラバラで党の声が一つにならない。党勢も議席数も後退して、党の中心問題になっている」との苦悩が率直に語られました。

ドイツ左翼党は、党の規約から民主集中制を削除して、派閥を認めたことが、いくつもの派閥をつくるという結果につながり、その主導権争いがメディアで繰り返し報道され、深刻な困難に陥っているとのことでした。ドイツの場合、派閥は他の党にも存在します。しかし、NATO反対という政治変革の立場に立つドイツ左翼党については、徹底的に、ここだけに焦点を当てた攻撃を、メディアは繰り返しおこなっているとのことでした。

日本共産党は、ドイツ左翼党と、協力関係の強化で合意をいたしました。ぜひ困難を乗り越えてほしいと強く願います。

同時に、強調したいのは、支配勢力によって、いまおこなわれている民主集中制攻撃は、わが党をこういう派閥抗争の党にしてしまおうというものだということです。日本共産党の統一と団結を恐れ、これを壊したい、内部から解体させようというものにほかなりません。こうした攻撃を断固として拒否しようではありませんか。

（拍手）

民主集中制という組織原則を、「民主」の面でも、「集中」の面でも、豊かに発展させる努力と一体に、胸を張って多くの国民に語ろうではありませんか。

日本共産党の指導部のあり方に対する批判・攻撃に対して

幹部会報告では、「委員長が長すぎるのが問題だ」という批判、攻撃に対して、これをわが党そのものへの攻撃ととらえて、みんなで力を合わせて打ち破ろうと訴えましたが、この提起を積極的に受け止めていただき、深めていただいたことは本当に心強いことであります。討論でお寄せいただいた評価と信頼にこたえて、私は、みなさんと心一つに、あらゆる知恵と力をつくして、奮闘する決意を重ねて申し上げたいと思います。（拍手）

支配勢力は、日本共産党の統一と団結を恐れ、それをかく乱し、破壊しようとしましたが、この総会は、わが党が革命政党であることをあらためて確認しあい、党の統一と団結をいっそう強めるという、私たちの断固たる回答を示す総会になったということが確認できるのではないでしょうか。（拍手）

「130％の党」に向けた「最初のハードル」を次々に突破する流れをつくろう

幹部会報告は、「第29回党大会成功、総選挙躍進をめざす党勢拡大・世代的継承の大運動」を呼びかけました。

「大運動」の呼びかけは、きわめて積極的に受け止められ、いかにして成功させるかについて、討論で深められました。いくつかの点を強調しておきたいと思います。

「やればできる」という確信を全党に広げながら、１３０％の峰に挑戦を

第一に、強調したいのは、「１３０％の党」に向けた「最初のハードル」を次々と突破していく流れをつくろうということです。

幹部会報告では、「大運動」成功への「四つの力点」の冒頭に、毎月前進をはかる党勢拡大の独自追求と、支部からの「返事」に学んだ法則的活動を一体的に追求することを訴えました。そして、「大運動」のとりくみの「最初のハードル」として第28回党大会時の回復、突破の期日を決めて、まずはそれをやり抜くことを訴えました。

この訴えにこたえて積極的な発言が続きました。「最初のハードル」の突破を7月にいち早く達成するとの決意をのべた同志もいました。8月まで、あるいは9月までに突破するという決意も語られました。すべての都道府県、地区委員会が、まずこの「最初のハードル」を突破する期日を決めて、それをやり抜くことに執念を持ってとりくもうではありませんか。7月、8月から、「最初のハードル」を突破する県、地区委員会を次々とつくりだし、「やればできる」という自信と確信を全党に広げながら、１３０％の峰に挑戦しようではありませんか。

「最初のハードル」――すべての支部が1人以上の党員を迎えれば達成可能

山登りと同じところがあって、最初の峰に登りますと、違う風景が見えてきます。山頂もやがて見えてきます。

党員拡大で言いますと、党大会時の回復、突破まで、全党的に約1万８０００人です。すべての支部が1人以上の党員を迎えれば達成可能な数字なのです。ここからはじめて、大きく発展させようではありませんか。とくに、この6月、7月から躍進への変化を、全党の努力で必ずつくりだすことを強く訴えたいと思います。

「返事」に学んだ法則的活動の開拓――党機関で働くものの責任を胸に刻んで

第二は、「返事」に学んだ法則的活動を開拓することであります。幹部会報告でのべたように、「大運動」をいかにして成功させるかの最大のカギはここにあります。

幹部会報告では「返事」に学んで、六つの点で活動の強化方向を示しました。悩みを受け止め、教訓に学び、中央としてなすべきことを示す、という姿勢でまとめました。まとめてみますと党大会第二決議とも合致した内容でした。この提起は、討論でも感想でも強い歓迎で迎えられました。「双方向・循環型」を徹底的に貫いて、新しい挑戦と開拓をやり抜こうではありませんか。

県委員会としての姿勢をただしていきたい、との発言が次々に

討論で大切だと感じたのは、幹部会報告を受け止めて、県委員会としての姿勢をただしていきたい、との発言が次々に語られたことであります。埼玉県の荻原県委員長は次のように発言しました。

「党県委員会に来て23年、本当に必死に党づくりにとりくんできたつもりですが、頑張っても頑張ってもなかなか前に進まない。ずるずると後退した。どこに方向があるのか。この点で、今日報告を受けて、私が思ったのは、党大会決定の第二決議、『手紙』と『返事』にもとづく活動、これを方針通りにやり抜いていくところに必ず道が開けると思いました。この間の活動はそうなっていたんだろうか。支部の人たちが『返事』を書いてくれています。私自身も、『返事』は何百と読みました。本当に支部が苦労しています。本当に突破したいなと思いました。しかし、それでとどまっていました。個人で読んだだけで、県の常任委員会で一つひとつの『返事』について集団で議論して、対応を練ってきたのかどうか。そういう指導・活動を県常任委員会が地区委員会に対してやったのかどうか。この点がきわめて不十分だと思いました。『手紙』と『返事』を軸にしながら、『130%の党』づくりの流れをしっかりつくっていく。ここに打開の道があると思っています」

「返事」に記されている思いを受け止め、花開かせることが私たち党機関の責任

率直で、深い受け止めだと思って聞きました。私たち中央委員会も、頑張っても頑張ってもなかなか前に進まない。そういうもとで、私たちの中にもある惰性を吹っ切って、支部のみなさんの自発性、潜在的な力に徹底的に依拠し、ともに打開しようと決意して始めたのが、7中総の「手紙」と「返事」の運動でした。

それは、まだ花開くところにまではいっていませんが、強く大きな党をつくる「豊かな宝庫」とも呼ぶべき内容がそこにはぎっしりと記されています。この支部の思いを受け止め、花開かせるところに、私たち党機関で働くものの責任があると思います。それを互いに胸に刻んで奮闘しようではありませんか。

中央と支部の関係も、都道府県委員会と地区委員会の関係も、地区委員会と支部の関係も、徹底的に「双方向・循環型」の活動を発展させるなかで、「130％の党」という大事業を必ずやりとげようではありませんか。（拍手）

青年・学生の「特別決議」――「ここから党の未来をつくる」力強い声が響いた

第三は、幹部会報告が、党の総力をあげて、「数万の民青」と1万の青年・学生党員をめざす運動を呼びかけ、そのための「特別決議」の採択を提案していることについてであります。

この大テーマが、総会で、たくさんの同志の発言によって深められました。中央委員会総会で、これだけの多くの方々が青年・学生問題について正面から語った総会というのは久方ぶりではないかと思います。「ここから党の未来をつくる」という力強い声が響いた総会となりました。

青年・学生で大きな前進をかちとる客観的条件と主体的条件

討論を踏まえて、三つの点を強調しておきたいと思います。

第一に、「特別決議」が、「いま若者のなかで大きな党と民青をつくる歴史的時期を迎えている」とのべている意味についてであります。

ここでいう「歴史的時期」とは、青年・学生分野で大きな前進をかちとる客観的条件――自民党政治の深い行き詰まり、21世紀の資本主義体制の矛盾の深まりなどがあるというだけではありません。主体的条件――民青同盟がそうした客観的条件を受け止める立派な活動を開始し、前進を始めている。両面での条件があるということです。

この歴史的チャンスを生かさないでどうするか。そういう立場で「特別決議」を提案いたしました。

民青の活動から学ぼう

第二に、訴えたいのは、民青の活動から学ぼうということです。

討論のなかで、党と民青の懇談のなかで、党の側が、「今の若い人が何を考えているか分からない。私たちの支部には若い人とのつながりがない」と話したところ、民青の側から、「青年も同じ人間です。自民党政治の二つの異常に苦しめられている国民です。つながりがないのは私たちも同じです。だから会いに行く。つながりはつくるものです」との答えが返ってきたといいます。また、「目標にこだわりぬき、方針通りやってみることを徹底している」ことが語られたとのことでした。

私は、先日、東北のある学生支部の会議に参加してお話を聞く機会がありました。学生のみなさんは、高学費のもと、深夜バイト、徹夜バイトなど、アルバイトと学業の両方で、たいへんに多忙なのですけれども、党の支部会議と民青の班会で週2回の会議を必ずやっているという話でした。私が、「2度もやるのは大変でしょう。どうやって会議を開いているのですか」と聞いたところ、「3分間スピーチが一番楽しい。話したいことを何でも話します」、「月1回じゃなくて週1回やってこそ楽しくなります」という答えが返ってきました。大いに学びたいと思って、この答えを聞きました。

青年・学生分野の援助――学習を最優先の中心課題に、青年・学生党員を増やす

第三に、青年・学生支部と民青同盟への援助は、党綱領と科学的社会主義の学習を最優先の中心課題に据えるということです。

私自身、民青中央が開催した綱領セミナーや科学的社会主義セミナーの企画でお話しする機会がありましたが、民青のみなさんが驚くほど学びへの強い熱意を持っていることをひしひしと感じました。どちらも質問に答える形式でしたが、すべての質問は民青のみなさんが全国から集めたもので、それに私が答えるというものでした。ぜひ、『社会は変わるし、変えられる――学生オンラインゼミ』や『科学的社会主義Q&A――学生オンラインゼミで語る』なども使って、学習への援助をおこなっていただきたい。そのためにも民青の文献を党自身が学習することも訴えたいと思います。

そしてもう一つの援助は、青年・学生党員を増やすことです。ここで前進をつくってこそ大きな民青をつくれるし、党の未来も開けてきます。

「特別決議案」の修正提案について

青年・学生問題の最後に、「特別決議案」の修正提案が討論で出されました。それにこたえて、以下修正をしたいと思います。

――「資本主義を乗り越えての未来社会論への大きな関心」という一節のところで、原案は「貧困と格差、気候危機、ジェンダー」とありますが、「人権」を加えてほしいとの提案です。「人権」を加えたいと思います。

――「民青拡大のとりくみのなかでの青年・学生の反応の特徴」の4番目として、「運動にたちあがる同世代の姿にSNSやマスメディア、キャンパスなどで触れている」を加えたいと思います。

――青年・学生の反応の特徴の根底にある自民党政治の矛盾について、「過度な競争教育」を加えてほしいという意見ですが、これも重大な問題であり、子どもたちを深く傷つけ、国連からもその是正が繰り返し提起されている問題です。これも「特別決議」に加えたいと思います。

「特別決議案」を採択していただき、この実践に全党があげてとりくむことを訴えたいと思います。（拍手）

ジェンダー平等、ハラスメント根絶にかかわって

幹部会報告では、党活動と党建設の重要な柱として、ジェンダー平等とハラスメント根絶のとりくみを重視しようということを訴えました。

発言の中で、京都の地坂拓晃書記長からこういう発言がありました。「ジェンダー平等、ハラスメントの根絶にかかわって、『だれもが互いに対等な仲間として尊重しあうあたたかい人間集団をつくろう』との報告がされたが、私はたんに『対等な仲間』というだけでなく、年齢や性別、経験、任務の違いによって権力的関係が生まれうることに自覚的であることが大事だと思っています」という指摘です。

これは大切な指摘だと思います。「対等な仲間」というだけではたらない。ここに指摘されているように、たとえば年齢が違う、性別が違う、経験が違う、任務が違う――これらのことによって、

なかなかモノが言いづらい、あるいはそういうことから権力的関係が生まれ、ハラスメントが起こってくることがありうる。そういう権力的関係は、わが党内にはあってはならないというのが、わが党の大原則でありますが、しかしそこから権力的関係が生まれうる、そこからハラスメントが起こりうる、そこに「自覚的」であるべきだという指摘ですが、これは重要な指摘であります。この指摘はしっかり受け止めて、ハラスメント根絶のためにみんなで努力したいと考えます。

8中総決定の徹底・具体化について

最後に、8中総決定の徹底・具体化についてのべます。

幹部会報告について、三重県の大嶽県委員長は、「すごい報告」だという感想を語り、どうやって徹底・具体化するか、「どうする8中総」（笑い）とのべました。

8中総決定の内容は、私は、文字通り、党の「命運」がかかった重要な内容になると思います。その徹底のために、三つの点を訴えます。

第一に、8中総の全党員の読了を、最優先課題に位置づけ、やり抜きましょう。そのうえでも、指導的同志は1週間以内に読了することを訴えます。

第二に、党機関でも党支部でも、時間を惜しまず、徹底的に議論しましょう。この内容を全党が身につけるならば、総選挙に勝ち、「130％の党」をつくる政治的・理論的土台をつくることができます。徹底的に議論しましょう。

第三に、議論は1回でなく、まず議論して実践し、さらに2回目の議論を行うというように、議論と実践を一体に進めましょう。

8中総決定を全党の血とし肉にして、総選挙に勝ち、「大運動」を成功させ、第29回党大会を大成功に導こうではありませんか。

以上をもって、結語といたします。ともに頑張りましょう。（大きな拍手）

（「しんぶん《しんぶん》赤旗」2023年6月27日付）

第8回中央委員会総会で採択された特別決議「5年間で『数万の民青』『1万の青年・学生党員』実現へ党の総力をあげよう」は次のとおりです。

《特別決議》5年間で「数万の民青」「1万の青年・学生党員」実現へ党の総力をあげよう

第8回中央委員会総会

「若い世代に私たちの事業を継承したい」――第28回党大会第二決議が提起した世代的継承の党づくりは、この間の国政選挙や地方選挙などをつうじて、全党がその必要性を痛切に実感している課題です。それはまた、今後の党自身の存続・発展にとっても絶対不可欠であり、先送りが許されない緊急・切実な歴史的課題となっています。

第8回中央委員会総会は、〝青年・学生分野から党の世代的継承をやり抜き、党の未来をつくっていく〟という見地にたって、これからの5年間で民青同盟がめざしている「数万の民青」づくりと、「1万の青年・学生党員」づくりを実現することを、全党のみなさんに呼びかけます。そのために、すべての都道府県委員会と地区委員会が「青年・学生分野の5カ年計画」を策定し、実践にふみ出すことを訴えます。

いま若者のなかで大きな党と民青をつくる歴史的時期を迎えている

いま若者のなかで大きな党と民青同盟をつくる歴史的時期を迎えています。

第一に、強調したいのは、若者

をとりまく客観的情勢が大きく変化していることです。

この間の民青拡大のとりくみのなかでの青年・学生の反応の特徴には、①民青同盟が日本共産党を相談相手にしていることが加盟のさいの安心となっている、②「加盟呼びかけ文」が指摘する「アメリカいいなり」「財界のもうけ最優先」という日本の政治の「二つのゆがみ」に関心が示され、ここを変えれば日本の社会はよくなるということが希望として伝わる、③貧困と格差、気候危機、ジェンダー、人権などとのかかわりで、資本主義を乗り越えての未来社会論にも大きな関心が寄せられている、④運動にたちあがる同世代の姿にSNSやマスメディア、キャンパスなどで触れている――などの新しい特徴があります。

この根底には、高学費、低賃金、不安定雇用、過度な競争教育、平和の危機など、自民党政治が若者に希望ある未来を何ら示せない行き詰まりを深めているという問題があります。さらに資本主義という体制そのものが深い矛盾を露呈しているという情勢の大きな歴史的変動があります。

第二は、そういうもとで、民青同盟が、食料支援や若者憲法集会など、若い世代の切実な願いにこたえた運動にとりくむとともに、党綱領と科学的社会主義の学習を情熱的にすすめ、近年にない新しい仲間を迎え入れ、週1回の班会に力を入れてとりくむなど、元気いっぱいに新しい前進を開始していることです。

若者をとりまく客観的条件の変化という点でも、それにこたえた民青同盟の主体的奮闘と前進という点でも、いままさに青年・学生のなかで大きな党と民青同盟をつくる歴史的チャンスを迎えているのです。

「数万の民青」と「1万の青年・学生党員」をどう実現するか

それでは、「数万の民青」と「1万の青年・学生党員」をどう実現するか。

第一は、すべての都道府県と地区委員会が、この目標にみあった「5カ年計画」をつくり、青年・学生分野への援助を具体化し、総力をあげた実践にふみだすことです。「民青新聞」や民青が発行している書籍・パンフレットをよく読み、民青を知る努力から始めることを、呼びかけます。

第二に、青年・学生党支部と民青同盟への援助にあたっては、党綱領と科学的社会主義の学習の援助を最優先の中心課題にすえ、『科学的社会主義Q＆A』『学生オンラインゼミ（綱領）』などを使っての学習をすすめることです。

民青主催の食料支援、高等教育無償化と本格的な給付奨学金の実現、最低賃金の引き上げ、憲法9条を守るたたかいなど、青年・学生の要求実現のたたかいへの援助、民青の班会を週1回開催するなど民青班づくりへの援助、日常的に青年・学生党員と民青同盟員の相談相手となることと一体に、民青拡大と党員拡大への援助を抜本的に強めましょう。これらの援助をすすめる際に、青年・学生の組織と運動は、青年・学生自身が担うという「青年・学生が主人公」を貫くことが大切です。

第三は、地域支部、職場支部、地方議員のもつ結びつきと力を生かすことです。地域支部がもっているつながり――党員、読者、後援会員の子どもや孫なども含めたつながり、職場支部がもっている青年労働者とのつながりを出しあい、青年・学生党員、民青同盟員といっしょになって可能なところから働きかけましょう。また、そのつながりを青年・学生党支部や民青班にも紹介しましょう。

　第四は、青年・学生分野への党機関としての援助体制を強化することです。この間、中央委員会は、都道府県委員会の青年・学生部と民青都道府県委員会の確立を特別に重視してきましたが、「数万の民青」と「1万の青年・学生党員」を実現するためには、都道府県委員会はもとより、地区委員会と市委員会（補助指導機関）に至るまで、青年・学生分野の担当者を配置することがどうしても必要です。その担当者には、青年にとどまらず、地方議員や年配の同志にも担ってもらいましょう。

　第五は、「5カ年計画」実現への突破口として、次期党大会までに党と民青の倍加の実現に総力をあげることです。民青拡大では、倍加とともに、民青自身の年間目標2千人を早期に達成し、これを大きく上回る拡大をすすめましょう。それを推進するうえでもとくに力をいれる必要があるのは、青年・学生党員の拡大です。民青同盟員への党中央委員会の「入党のよびかけ」を使っての同盟員への入党の働きかけを強力に推進しましょう。

未来は青年のもの――この事業に成功すれば明るい洋々たる未来が開かれる

未来は青年のもの――これはいつの時代にあっても変わらぬ真理です。歴史的前進を開始した民青同盟と力をあわせ、青年・学生分野のたたかいを発展させ、これと結んで強大な党と民青の建設に成功するならば、未来にむかってわが党の明るい洋々たる前途が開かれ、日本の政治の民主的改革にとっても、素晴らしい力となることは疑いありません。

　そのために、文字通り党の総力をかたむけて、この分野のとりくみを援助・推進しようではありませんか。

（「しんぶん赤旗」2023年6月26日付）

第8回中央委員会総会で改定された『「１３０％の党」をつくるための全党の支部・グループへの手紙』は次のとおりです（傍線部が新たに改定されました）。

「130%の党」をつくるための全党の支部・グループへの手紙

2023年1月5日　第7回中央委員会総会
6月25日　第8回中央委員会総会改定

（１）

全党の支部・グループのみなさん。

今年、２０２３年は、日本の前途にとっても、日本共産党にとっても、その命運がかかった文字通りの正念場の年になります。

私たちは、昨年8月の第6回中央委員会総会の決定にもとづき、8月から12月末まで、「党創立１００周年記念、統一地方選挙勝利・党勢拡大特別期間」にとりくんできました。昨年12月には、常任幹部会として、全国の支部・グループのみなさんに「特別期間」の成功を訴える手紙をおくりました。「特別期間」をつうじて、私たちは、２０６４人の新しい同志を党に迎え入れるなど、悔しい後退から新たな前進にむかう確かな流れをつくりだしつつあります。全党の支部・グループのみなさんの大奮闘のたまものであり、まず心からの敬意と感謝の気持ちをお伝えします。

第7回中央委員会総会は、「特別期間」の成果を踏まえ、来年１月に開催予定の第29回党大会までに、第28回党大会で決めた党建設の目標――党員拡大と「しんぶん赤旗」読者拡大で、第28回党大会比１３０％の党をつくる、青年・学生と労働者、30代～50代などの世代で党勢を倍加し、民青同盟を倍加するという目標を、必ず達成することを決定し、この大事業を全党に呼びかけることにしました。直面する統一地方選挙勝利・前進、岸田内閣の大軍拡を許さないたたかいなど国民運動の発展のための方針も決めました。

「１３０％の党」という大目標をやりとげる道はただ一つです。すべての支部・グループのみなさんが、この運動に参加し、それぞれの条件をふまえ、それぞれがもつ可能性をくみつくして、この運動に主人公として参加することです。それができるならば、「130％の党」は必ずつくることができる。私たちは、そう確信し、7中総の総意として、この手紙をみなさんにおくるものです。

（2）

全党の支部・グループのみなさん。

なぜ「130％の党」をつくることが必要なのか。まず何よりも「130％の党」をつくることは、第28回党大会で全党の総意で決定した目標であることを強調したいと思います。そのうえで、7中総は、日本共産党が現在と未来にわたって果たすべき任務、党組織の現状を踏まえて、次の三つの理由から、今年、「130％の党」をどうしてもつくらなければならないと決意しました。

第一は、いまわが党が直面している政治任務を実現するには、「130％の党」をつくることがどうしても必要だということです。

岸田政権が、「専守防衛」をかなぐりすてた大軍拡の暴走を始めています。この大逆流を止め、憲法・平和・暮らしを守る国民的な多数派をつくることが急務です。この仕事の大黒柱となって頑張りぬける党は、1世紀におよぶ反戦平和の歴史をもつ日本共産党をおいてほかにありません。このたたかいを支える強く大きな党をつくることは、党の存在意義がかかった平和への責任ではないでしょうか。

そして次の国政選挙――総選挙で反転攻勢を実現するためには、「130％の党」への前進がどうしても必要です。私たちは、2021年の総選挙、22年の参議院選挙で悔しい後退を喫しました。統一地方選挙では、全党の努力にもかかわらず、前回時比で党員91％、日刊紙読者87％、日曜版読者85％でたたかったことが、悔しい議席後退の最大の要因となりました。選挙で勝つためには党の自力が足りない。これはみなさんが痛いほど感じておられることだと思います。今度こそ勝ちたい。これもみなさんの共通の願いだと思います。そのためには、いま自力をつけることがどうしても必要です。

7中総では、来たるべき総選挙の比例目標を「650万票、10％以上」と決めました。前回総選挙で獲得した416万票の1・5倍、昨年参院選で獲得した361万票の1・8倍となる目標です。総選挙は、平和・暮らし・民主主義・人権などで国民の切実な願いが噴き出しているもとで、日本という国のあり方の根本が問われる選挙となります。総選挙では日本共産党の比例代表での躍進を中軸にすえ、日本共産党をのばすことを最優先で追求し、それに徹するたたかいをやりぬきます。国民の切実な願いと結びつけて、異常な対米従属・財界中心という日本の政治の二つのゆがみを「もとから変える」――党の綱領的値打ちを太く押し出した論戦にとりくみます。支配勢力による党綱領と組織のあり方に対する攻撃を打ち破って、党への丸ごとの支持を広げ、積極的支持者を増やす政治的大攻勢をかけてたたかいぬきます。

「130％の党」への党勢拡大の飛躍的うねりをつくり、来たるべき総選挙で、必ず反転攻勢を果たそうではありませんか。

（3）

全党の支部・グループのみなさん。

第二に、より長期の視野に立って、党の綱領路線を実現するためには、いま、「130％の党」と若い世代・真ん中世代での党勢倍加をやりぬき、党勢を後退から前進へと転換させることが、どうしても必要になっています。

党創立100周年記念講演では、61年綱領確定後の60年余りの歴史の教訓にたって、1960年代から70年代のような「強く大きな党をつくり、その力で選挙に勝ち、さらに強く大きな党をつくる」という法則的発展を、新しい情勢のもとでつくりだそうと呼びかけました。

この60年余り、日本共産党は3回の躍進を経験してきましたが、そのたびごとに支配勢力は反共キャンペーンと反動的政界再編でこたえました。しかし反共と反動のくわだての一歩一歩が矛盾を広げ、支配体制をもろく弱いものにしています。

経済政策では、弱肉強食の新自由主義の政策が行われ、格差が拡大し、日本は世界でも他に例をみない「賃金が上がらない国」「成長できない国」に落ち込んでしまいました。外交・安保分野では、憲法違反の集団的自衛権行使に道を開いた安保法制に続いて、敵基地攻撃能力保有と空前の大軍拡によって、日本の国のあり方が「戦争国家」へと根底からつくりかえられようとしています。自民党政治と国民との矛盾が広がり、限界に達しています。

こうして大局的・客観的に見れば、日本はいま、新しい政治を生み出す「夜明け前」となっています。新しい政治をつくる客観的条件は成熟しています。しかし、どんなに客観的条件が成熟しても、社会を変える主体的条件をつくらなければ、社会は自動的には変わりません。「夜明け前」を「夜明け」に変えるには、それを担う統一戦線と、その推進力となる強く大きな日本共産党を建設することがどうしても必要です。

私たち日本共産党員は、綱領路線実現という共通の目標のもとに集っている集団です。しかし、この目標をやりぬくためには、私たちの党勢はあまりに小さすぎます。みんなで力を合わせてこの弱点を抜本的に打開し、綱領路線実現を力強くすすめる党をつくり、国民と歴史への責任を果たそうではありませんか。

（4）

全党の支部・グループのみなさん。

第三に、党の現状は、いま抜本的な前進に転じなければ未来がなくなる危機に直面しているとともに、前進に転じる大きな可能性も存在しています。可能性に確信をもち、「130％の党」への前進で危機を打開しようではありませんか。

党組織の危機と困難が進んでいます。最も分厚い党勢をもつ世代が70代となっています。少なくない支部が、このままでは支部が存続できなくなる、「赤旗」の配達・集金活動が支えられなくなる、選挙で候補者をたてられないなどの、深刻な悩みに直面していることを、私たちはよく知っています。そのことに胸を痛めない日はありません。

しかし、困難があるからと党づくりをあきらめてしまえば、どうなるでしょうか。党の未来はなくなります。困難に直面している支部も、存在すること自体が草の根で市民・国民にとってかけがえのない役割を果たしており、その灯を消してはなりません。そして――

「強く大きな党をつくりたい」

「新しい世代にこの事業を引き継ぎたい」

これは全党のみなさんの共通の強い願いではないでしょうか。この願いを一つに集めて、党づくり、党員拡大によって困難を打開しようではありませんか。変革の精神で危機をのりこえようではありませんか。

私たちに、それをやりぬく可能性があるでしょうか。大いにあります。

何よりも、私たちは、科学的社会主義の本来の生命力を現代に全面的に生かし、世界と日本の情勢の正確な分析のうえに、未来への展望を指し示す党綱領をもっています。1世紀にわたって平和と社会進歩に貢献してきた比類ない歴史をもっています。

党の政治的影響力は、党づくりで飛躍的前進を開始した1960年代に比べてはるかに大きくなっています。全党のみなさんのたゆまぬ努力によって、わが党は1万7千の支部、約26万人の党員、約90万の「しんぶん赤旗」読者、約2400人の地方議員を擁し、他党の追随を許さない草の根の力に支えられた党です。

1960年代、70年代に入党し、幾多の試練を乗り越えて頑張ってきた約9万人の同志が活動していることは、わが党の誇りであり強みです。民青同盟が年間1500人の拡大目標を超過達成し、元気いっぱい頑張っていることは、私たちにとっても大きな希望です。

これらの可能性に深い確信をもち、それを全面的に生かして、「130%の党」と若い世代・真ん中世代の党勢倍加をかちとり、新鮮な活力あふれた日本共産党をつくろうではありませんか。

（5）

全党の支部・グループのみなさん。

「130%の党」とは、全党的に36万人の党員、130万人の「しんぶん赤旗」読者をめざす大事業です。同時に、この仕事を、すべての支部・グループで担うならば、来年1月の党大会までに、平均して、1支部あたり、現勢で、2カ月に1人の党員、1人の日刊紙読者、3人の日曜版読者を増やせば実現できます。これが過大な目標でしょうか。「高い山」のように見えますが、すべての支部と党員のみなさんがたちあがるなら、決してできない目標ではないのではないでしょうか。

まずはこの手紙を、すべての支部・グループで読み合わせをし、率直な意見をどんどん出して議論していただき、「130%の党」にむけた自覚的目標をもち、足を踏み出すことを心から訴えます。

支部のおかれている条件を踏まえ、一人ひとりの党員の願いを大切にしながら、次の五つの活動を具体化・実践することを訴えます。

第一に、すべての支部が、「政策と計画」をもち、要求運動にとりくみましょう。大軍拡反対の国民的大運動を全国の草の根から起こしましょう。国政の要求から、子どもの医療費無料化、学校給食無償化など地域の要求まで、さまざまな要求を掲げて運動にとりくみ、その運動のなかで党勢拡大をつねに独自に追求しましょう。

第二に、支部のあらゆる活動のなかで党員拡大を正面から追求しましょう。党の側から壁をつくらず思い切って広く働きかけ、「党員拡大の日常化」にチャレンジしましょう。

読者拡大でも、紙面の魅力で新しい読者を増やす「お試し作戦」も含め、日常的に独自追求を強めましょう。

党のもつあらゆる可能性を総結集して、若い世代と真ん中世代での党建設にとりくみましょう。いま若者のなかで大きな党と民青同盟をつくる歴史的時期を迎えています。5年間で「数万の民青」と1万人の青年・学生党員を実現することを目標に、党の総力をあげて青年・学生支部と民青班の援助にとりくみ、ここから党の世代的継承をやりぬき、党の未来をつくっていこうではありませんか。

第三に、〝綱領と歴史で党をつくる〟を合言葉に、党綱領と党創立記念講演の学習にとりくみ、党づくりの政治的推進力にしましょう。次期党大会に向け、すべての支部で綱領と記念講演の学習に系統的にとりくみ、すべての党員が二つの文献を読了・視聴することを呼びかけます。毎日の「しんぶん赤旗」、毎週の「しんぶん赤旗」日曜版を読む気風を全党に定着させることを訴えます。

第四に、週1回の支部会議開催をめざし、支部会議を定期開催し、「楽しく元気の出る支部会議」の努力をつくしましょう。「楽しく元気の出る支部会議」にできれば、新しい同志を迎える意欲はいっそう強まります。同時に、新しい同志を迎えることが、「楽しく元気の出る支部会議」をつくる契機にもなっています。

第五に、総選挙での躍進にむけた目標と計画を具体化し、勝利に必要なとりくみをやりぬきましょう。

総選挙躍進に向け、すべての支部が得票目標、支持拡大目標を決めましょう。統一地方選挙の教訓を生かし、8中総がよびかけた「三つの突破点」で新しいたたかいに挑戦しましょう。①「ポスター」とともに、ハンドマイクでの「声の宣伝」を文字通り全有権者規模で大発展させましょう。若い世代、真ん中世代と協力し、「シール投票」「公園対話」などの双方向の宣伝にとりくみましょう。②「折り入って作戦」「こんにちは日本共産党訪問」など訪問での対話活動を徹底的に重視しましょう。単位後援会を確立し、後援会とともにたたかいましょう。③「ＳＮＳに強い党」となり、ボランティア、サポーターが参加する選挙活動を発展させましょう。

（6）

全党の支部・グループのみなさん。

次期党大会までに「１３０％の党」をつくろうという提起は、私たち中央委員会としての反省を込めて提起したものです。

長い間、党組織の後退が続くなかで、私たちのなかにも、知らず知らずのうちに後退に慣れてしまう、目標を決めても責任を負い切らない、そうした惰性が生まれていました。それでは責任を果たせない、一切の惰性を中央から一掃する決意を込めて、7中総では、次期党大会までに「１３０％の党」を実現するという目標を不退転の決意で決めました。中央は、この目標を、全党の支部・グループのみなさんと力を合わせて、必ずやりぬくために、ありとあらゆる知恵と力をつくす決意をお伝えします。

さらに7中総では、中央の姿勢として、「現場で頑張っているみなさんが、一番苦労している問題、困っている問題を、ともに解決していく」という姿勢を貫いて奮闘することを確認したことをお伝えします。

全党の支部・グループのみなさんと、私たち中央委員会が、互いに学び合い、心を通わせ合って、「１３０％の党」を必ず実現していきたい。これが私たちの強い願いです。

そこで最後に、心からのお願いがあります。

全党のすべての支部・グループが、どうかこの「手紙」を討議していただき、「１３０％の党」と、若い世代・真ん中世代の党勢倍加をめざす、それぞれの自覚的目標と計画をしたためた「返事」を、党機関を通じて、中央委員会にお寄せください。「返事」では、支部のおかれた実情や、一人ひとりの党員のみなさんの気持ちも、私たちにぜひともお寄せください。

党創立１０１周年のこの年に、全党の支部・グループが心ひとつに、この歴史的事業に立ち上がり、ともに新しい歴史をつくっていくことを、重ねて心から呼びかけるものです。

（「しんぶん赤旗」２０２３年6月26日付）

第8回中央委員会総会について

2023年6月25日　日本共産党中央委員会書記局

一、日本共産党第8回中央委員会総会は6月24、25の両日、党本部で開催され、中央委員181人、准中央委員27人が出席した。

一、志位和夫幹部会委員長が幹部会報告を行った。報告は、統一地方選挙の結果と教訓として、「政治対決の弁証法」の立場で到達点をつかむ大局的な政治情勢論とともに、党の自力の問題、今後に生かすべき選挙活動の新しい発展、中央の選挙指導上の反省点を明らかにした。

総選挙躍進にむけては、通常国会のたたかいをふまえ、国民の世論と運動を発展させて岸田政権を解散・総選挙に追い込むとともに、総選挙の歴史的意義と目標、総選挙をたたかう政治姿勢（①切実な願いと結びつけて、二つのゆがみを「もとから変える」綱領的値打ちを押し出す、②積極的支持者を増やす政治的大攻勢――綱領と組織のあり方に対する攻撃をうちやぶる）を提起し、比例代表での党の躍進を最優先におき、それに徹するたたかいをやりぬくことを強調した。

また幹部会報告は、「第29回党大会成功、総選挙躍進をめざす党勢拡大・世代的継承の大運動」をよびかけ、毎月前進をはかる党勢拡大の独自追求と法則的活動の一体的追求をはじめとする「四つの力点」、第7回中央委員会総会の「手紙」の「返事」に学んだ法則的活動の開拓、党機関の成長・強化、ジェンダー平等とハラスメント根絶の課題、「数万の民青」と1万人の青年・学生党員を実現させるための「特別決議」の提案を行い、党勢拡大の飛躍的なうねりを起こして「大運動」の目標を総達成することを訴えた。

一、総会では60人が討論し、幹部会報告と特別決議案の内容を深め、具体化・実践に奮闘する決意を表明した。

一、志位和夫委員長が、幹部会を代表して討論の結語を行った。

一、総会は、幹部会報告と結語、7中総の「手紙」の改定案、「特別決議」案を全員一致で採択した。

一、総会は、「大運動」の成功に全力をあげることを誓い合って閉会した。

（「しんぶん赤旗」2023年6月26日付）

ISBN978-4-530-01719-6
C0031 ¥264E

定価290円(本体264円+税)

文献パンフ

日本共産党第28回大会
第8回中央委員会総会決定

2023年7月9日／発行＝日本共産党中央委員会出版局／〒151-8586 東京都渋谷区千駄ヶ谷4-26-7
Tel.03-3470-9636／振替口座番号 00120-3-21096
印刷・製本＝株式会社 光陽メディア